Basteln mit Naturmaterialien

Basteln mit Naturmaterialien

für Kinder ab 4 Jahre

Herausgegeben von
Susanne Girndt

BASSERMANN

Inhalt

Vorwort

Kleine Bastler, aufgepaßt! Hier kommt ein Buch, das auf ganz besonders schöne Materialien aufmerksam machen will: auf die natürlichen!

Was zu diesen vielfältigen Bastelvorschlägen benötigt wird, ist alles andere als kostenaufwendig, denn es stammt zum größten Teil aus dem Vorrat von Mutter Natur. Nur weniges muß dazugekauft werden. Einen Preis jedoch haben auch Naturmaterialien: Sie wollen mit eigenem Einsatz Stück für Stück entdeckt, aufgestöbert und erobert werden! So regt dieses Buch letztlich nicht nur zu kreativem Basteln an – es fördert auch das kindliche Interesse an der Natur und ihren Zusammenhängen. Jedes „Material" muß genau betrachtet und betastet werden, damit es nach den Bastelideen verarbeitet werden kann. Und dabei stellt man schnell fest, daß kein Produkt der Natur dem anderen gleicht, jedes ist ein Einzelstück. Zudem schafft der immer wiederkehrende Rhythmus der Jahreszeiten eine große Vielfalt: Blüten, Früchte, Samen oder Blätter wechseln miteinander ab und entfalten einen Reichtum an Farben und Formen, der staunen läßt und ganz von selbst ein Gefühl dafür weckt, wie wertvoll und wichtig die Natur ist.

Gegliedert sind die Bastelanregungen in unserem Buch in sieben Kapitel, die in großen Zügen den Verlauf des Jahres nachzeichnen: von den Frühlings-, Oster- und Sommertagen über die „Blätterzeit" im Herbst bis zu den Vorbereitungen für das Weihnachtsfest. In jedem Abschnitt finden sowohl kleinere wie größere Kinder Bastelideen, die zu ihrer Altersgruppe passen. Ab einem Alter von 4 Jahren kann nach Herzenslust mitgebastelt werden – aber manchmal sollte dann schon noch ein Elternteil oder ein betreuender Erwachsener mithelfen.

Übrigens: Die Werkzeugausrüstung und einige der Grundmaterialien für die Basteleien sind in Bastelgeschäften und Hobbymärkten erhältlich, oder ihr nehmt sie aus Papas Werkzeugkiste. Wann ihr die einzelnen Naturmaterialien im Wald, auf der Wiese oder im Garten findet, erfahrt ihr aus dem Materialkalender auf Seite 10/11. Ausgefallenes kann man auch beim Gärtner oder in getrockneter Form ebenfalls im Bastelgeschäft bekommen. Und nun viel Spaß beim Nach- und Weiterbasteln!

Kleine Anleitung zum Abpausen von Zeichenvorlagen

Bevor wir richtig losbasteln, ein paar grundsätzliche Tips zum Abpausen der beigefügten Vorlagen! Zeichenarbeiten sind beim Basteln mit Naturmaterialien durchaus nicht immer erforderlich. Wo sie aber das Kleben, Schnitzen, Binden oder Anmalen ergänzen, haben wir zur Vereinfachung Abpausvorlagen in unsere Anleitungen mit aufgenommen. Denn nicht jeder ist ein Zeichenkünstler, und eine Vorlage hilft manchmal dabei, ein schönes und gleichmäßiges Ergebnis zu erzielen. Wer selbst gerne zeichnet, muß sich natürlich keinesfalls an unsere Anregungen gebunden fühlen, sondern kann sie im Gegenteil ganz nach seiner eigenen Phantasie erweitern oder verändern. Für alle diejenigen, die unsere Vorlagen aufgreifen möchten, hier die zwei grundsätzlichen Möglichkeiten des Abpausens:

Das Abpausen mit Pergamentpapier

Pergamentpapier ist ein durchscheinendes, festes Papier, das es im Schreibwarengeschäft zu kaufen gibt. Auch Architekturbüros arbeiten viel mit dieser Papierart, und man kann unter Umständen dort kostenlose Pergamentpapierabfälle bekommen.

Man kann auch Butterbrotpapier benutzen, das fast dieselben Eigenschaften hat, nur etwas dünner und weniger fest ist als Pergamentpapier. Außerdem benötigen wir bei dieser Art des Abpausens noch einen weichen Bleistift.

1. Wir legen das Papier auf die Vorlage, die wir abpausen wollen, und ziehen mit dem Bleistift die Linien nach. Dabei achten wir darauf, daß sich das Abpauspapier nicht verschiebt.

2. Bevor wir das Papier wegnehmen, kontrollieren wir, ob wir auch wirklich alle Linien nachgezogen haben.

3. Anschließend wenden wir das Papier und legen es auf die Pappe oder das Papier, auf das unsere Vorlage übertragen werden soll. Die mit Bleistift gezogenen Linien liegen nun auf dem neuen Papier.

4. Mit kräftigem Druck ziehen wir die Linien alle nochmals nach. Da wir mit einem weichen Bleistift gearbeitet haben, haften dabei die ersten Linien auf dem Papier oder auf der Pappe, und das gewünschte Muster erscheint. Wir kontrollieren, ob wir auch alle Striche nachgezogen haben, und können unser Bild dann ausschneiden.

Das Abpausen mit Pauspapier
Pauspapier gibt es in Schwarz und in Weiß. Schwarzes – auch Kohlepapier genannt – erhält man im Schreibwarengeschäft, da es normalerweise zum Anfertigen von Briefdurchschlägen verwendet wird. Weißes oder helles Pauspapier gibt es im Bastel- oder Handarbeitsgeschäft. Mit diesem Papier wollen wir arbeiten, wenn wir eine Vorlage auf einen dunklen Untergrund durchpausen möchten. Beide Pauspapierarten können recht oft verwendet werden. Erst wenn die Beschichtung abgenutzt ist, muß man ein neues Papier nehmen.

1. Zuunterst legen wir das Papier oder die Pappe, auf die wir die Vorlage übertragen wollen. Darauf kommt das Kohlepapier, und zwar mit der färbenden Seite nach unten. Zuoberst legen wir die Vorlage, die wir abpausen wollen.

2. Damit beim Abpausen nichts wegrutscht oder sich verschiebt, sollten wir die drei Blätter mit Büroklammern zusammenhalten.

3. Nun ziehen wir mit dem Bleistift die Linien unserer Vorlage nach. Sie übertragen sich direkt auf die Unterlage. Das durchgepauste Bild kann anschließend sorgfältig ausgeschnitten werden.

Eier ausblasen

4. Mit einem Eierpikser stechen wir zunächst dicht nebeneinander mehrere Löcher in die untere runde Eiseite. Dann brechen wir den durchlöcherten Ausschnitt vorsichtig heraus. Er muß so groß sein, daß ein Schaschlikspieß hindurchpaßt. Das gleiche Loch brechen wir anschließend auch an der Eioberseite, also am entgegengesetzten Eipol, heraus.

5. Jetzt stecken wir den Schaschlikspieß von unten in das Ei und drehen ihn darin mehrmals hin und her. Dadurch wird die dünne Haut um den Dotter zerstört, und das Ei läßt sich anschließend ganz leicht durch das obere Loch ausblasen. Das geht genauso wie einen Luftballon aufzublasen. Eiweiß und -gelb könnt Ihr in einer Schüssel auffangen.

6. Das ausgeblasene Ei muß zum Schluß noch gereinigt werden. Wir nehmen dazu einfach warmes Wasser mit etwas Spülmittel, das wir mehrmals durch das Ei laufen lassen. Dann lassen wir das Ei mit dem Loch nach unten auf Küchenkrepp völlig austrocknen.
Nun könnt Ihr mit dem Bemalen beginnen.

Materialkalender

● kaufen ○ sammeln

Material	Frühling	Sommer	Herbst	Winter	Anmerkung
Ahorn **Acer**		○	○		*Charakteristische Flügelfrüchte; vielgestaltige Blattformen, im Herbst mit interessanter Färbung.*
Apfel *Malus*	● ○	● ○	● ○	● ○	*Zum Gestalten verwendet man die frischen Früchte und die Kerne.*
Birne *Pyrus*		● ○	● ○	● ○	*Die dekorativen Früchte finden u. a. in herbstlichen Gestecken Verwendung.*
Blätter		● ○	● ○	● ○	*Blätter mit schöner Herbstfärbung kann man pressen. Frische Blätter werden in Gebinden verwendet.*
Buche *Fagus*			● ○	● ○	*Verarbeitet werden beim Basteln die Früchte der Buche, die Bucheckern.*
Duftöle	●	●	●	●	*In Apotheken, Bioläden, Drogerien und Hobbymärkten erhältlich.*
Eiche *Querus*		○	○		*Früchte (Eicheln) und Blätter werden zum Basteln verwendet. Die Blätter verfärben sich beim Trocknen.*
Eier	● ○	● ○	● ○	● ○	*Die Schalen von Gänse- und Hühnereiern, die von Tieren aus Freilandhaltung stammen, sind meist dickwandiger und deshalb zum Bearbeiten besser geeignet.*
Erdnuß *Arachis hypogaea*			●	●	*Aus den Fruchthülsen der tropischen Ölpflanze kann man Figürchen basteln.*
Federn	● ○	● ○	● ○	● ○	*Vogelfedern kann man auf Spaziergängen sammeln, exotische Federn gibt's in Hobbyläden zu kaufen.*
Gewürznelken *Eugenia car.*	●	●	●	●	*Die getrockneten Knospen des Gewürznelkenbaums duften angenehm.*
Gräser *Agrostis, Pennisetum, Phragmites u.a.*	● ○	● ○	● ○		*Für Trockengebinde, aber auch zum Flechten und Weben eignen sich die unterschiedlichsten Arten von Gräsern.*
Haselnuß *Corylus*			● ○	● ○	*Nüsse wie Zweige sind beliebtes Dekorationsmaterial. Besonders schöne Zweige besitzt die Korkenzieherhaselnuß.*
Heu	● ○	● ○	● ○	●	*Trockenes Heu nimmt man zum Beispiel für Figurenbindearbeiten*
Kamille *Matricaria*	●	● ○	● ○	●	*Aus Kamilleblüten lassen sich beispielsweise duftende Geschenke anfertigen.*
Kastanie *Castanea/ Aesculus*			● ○	●	*Die Früchte der Eß- wie der Roßkastanie eignen sich für Figurenbasteleien.*
Kiefer *Pinus*	● ○	● ○	● ○	● ○	*Zapfen und Nadeln der Kiefer sind beliebt zum Dekorieren und Basteln.*
Körner, Kerne und Hülsenfrüchte	● ○	● ○	● ○	● ○	*Bastelmaterial sind Apfel-, Kürbis- und Sonnenblumenkerne sowie Maiskörner, Reis, Hirse, Leinsamen und Linsen etc.*
Kürbis *Cucurbita*			● ○		*Man nutzt die bis zu 100 kg schweren Früchte sowie die Kerne.*
Lavendel *Lavandula*	● ○	● ○			*Die duftenden Lavendelblüten werden in voller Blüte geschnitten. Man verwendet sie frisch und getrocknet.*
Mohn *Papaver*	●	● ○	● ○	●	*Mohnkapseln werden erst geschnitten, wenn die Körner beim Schütteln der Pflanze rascheln.*

Material	Frühling	Sommer	Herbst	Winter	Anmerkung
Moos *Leucobryum glau., Spha. sq. u. a.*	● ○	● ○	● ○	● ○	*Als Füllmaterial für Gestecke und Gebinde bieten sich verschiedene Laubmoose an, die man in feuchten Wäldern und Mooren findet.*
Muscheln *Bivalvia*	● ○	● ○	● ○	● ○	*Die meisten hier verwendeten Muscheln können an Stränden gesammelt werden. Eßbare Muscheln und Ziermuscheln sind in Lebensmittelgeschäften bzw. Andenkenläden erhältlich.*
Naturbast	●	●	●	●	*Das Bindematerial aus Pflanzenfasern sieht auch als Dekoration hübsch aus.*
Nüsse	●	●	● ○	●	*Durch ihre gute Lagerfähigkeit sind viele Sorten einheimischer und exotischer Nüsse das ganze Jahr über erhältlich.*
Oliven *Olea*	●	●	●	●	*Die Früchte des Ölbaums sind auch als eßbare Dekorationen nützlich.*
Peddigrohr	●	●	●	●	*Peddigrohr und Peddigschiene sind in Hobby- und Bastelläden erhältlich.*
Radieschen *Raphanus sa.*	● ○	● ○	● ○	● ○	*Ein Blickfang in frischen Gestecken aus Gemüse und Obst sind Radieschen.*
Rettich *Raphanus sativus*	● ○	● ○	● ○	● ○	*Aus den weißen Rüben lassen sich lustige Mitbringsel gestalten.*
Rose *Rosa*	● ○	● ○	● ○		*Frisch und getrocknet finden Rosen in floristischen Arbeiten Verwendung.*
Ruskus *Ruskus*	●	●	●	●	*Getrocknete Zweige lassen sich das ganze Jahr über verarbeiten.*
Schafwolle	●	●	●	●	*Ungesponnene Schafwolle ist in Handarbeits- und Bastelgeschäften erhältlich.*

Material	Frühling	Sommer	Herbst	Winter	Anmerkung
Schilf *Phragmites*			● ○	● ○	*Die Blütenrispen des Schilfrohres werden geschnitten, wenn sie noch einen violetten Schimmer haben.*
Schneckenhäuser		○	○		*Schöne Schneckenhäuser findet man meist im Spätsommer und Herbst.*
Schoten	● ○	● ○	● ○	● ○	*Getrocknete Schoten benötigt man für Gestecke und Naturbilder.*
Sesamkörner	●	●	●	●	*Sesamkörner werden u.a. für Körnerbilder und Figurenbasteleien verwendet.*
Sonnenblume *Helianthus*		● ○	● ○		*Die großen Blüten sind frisch wie getrocknet der Blickfang in Sträußen und Gestecken.*
Statice (Meerlavendel, Strandnelke)	● ○	● ○	● ○	●	*Diese Pflanze läßt sich leicht trocknen und ist dann unabhängig von der Jahreszeit verwendbar.*
Steine	○	○	○	○	*Interessante Steine können auf Spaziergängen gesammelt werden.*
Strohhalme	●	●	●	●	*Naturstrohhalme und Langstroh sind in Bastelgeschäften erhältlich.*
Tanne *Abies*	● ○	● ○	● ○	● ○	*Nadeln und Zweige werden für Basteleien und dekorative Gestecke verwendet.*
Walnuß *Juglans*			● ○	● ○	*Halbe Schalen sowie ganze Nüsse verwendet man u. a. für Figurenbasteleien.*
Zapfen			● ○	● ○	*Für Herbst- und Weihnachtsgestecke verwendet man Zapfen aller Art wie z. B. Fichten-, Kiefern- und Lärchenzapfen.*
Zwiebel *Allium cepa*	● ○	● ○	● ○	● ○	*Die Schalen werden oft zum Eierfärben benötigt; Silberzwiebeln können zu eßbaren Tischdekorationen werden.*

Für Kinderzimmer und Spieltruhe

Solange draußen noch der Winter herrscht, wird drinnen gebastelt und gespielt. Die Materialien, die in diesem Kapitel benutzt werden, sind deshalb vorwiegend solche, die man im Haus, in einer Holzhandlung etc. aufstöbern kann.

Damit kalte und rauhe Tage nicht langweilig werden, ist im Nu lustiges Miniatur-Spielzeug aus Kork zusammengebaut. Mit dem Klachter aus Holz können wir tüchtig „auf die Pauke" hauen, und die pfiffigen Trolle treiben extra zu unserem Vergnügen ihr Unwesen.

Allmählich kehrt dann auch der Frühling zurück. Und vielleicht beeilt er sich ja etwas mehr, wenn wir ihn mit einem hübschen Vogelmobile oder selbstgebastelten Marienkäfern anlocken.

Pfiffige Trolle, Anleitung auf Seite 24
Steintiere, Anleitung auf Seite 14

Steintiere

Altersempfehlung: ab 4 Jahre

Wenn kein Schnee mehr liegt, fallen sie einem wieder ins Auge: die vielfältigen Steine, Kiesel oder Findlinge, die wir auf jedem Spaziergang entdecken können. Mit ein bißchen Phantasie werden daraus lustige Steintiere.
An der Suche nach dem passenden Material können sich auch schon die kleineren Kinder beteiligen.

Material und Werkzeug

Steine
Plakafarben
Pinsel
Mattlack
Filzreste
Schere
Jutegarn
Klebstoff

Vorbereitung

Die Steine, die wir gesammelt haben, müssen wir zunächst gründlich mit warmem Wasser abwaschen, da sonst die Farbe nicht haftet.

1. Jetzt können wir richtig loslegen: Als erstes ist zu überlegen, welche Form für welches Tier geeignet wäre.

2. Haben wir einen Stein ausgewählt und entschieden, welches Tier aus ihm werden soll, malen wir ihn auf einer Seite in der passenden Farbe an, lassen ihn trocknen, drehen ihn um und bemalen mit der gleichen Farbe die Unterseite.

3. Wir drehen den getrockneten Stein wieder um und malen das Gesicht auf.

4. Abschließend überziehen wir den ganzen Stein zum Schutz erst auf der Ober-, dann auf der Unterseite mit Mattlack.

5. Die Ohren und beim Frosch die Augen schneiden wir jeweils zweimal aus Filz zu und kleben sie von hinten an den Stein.

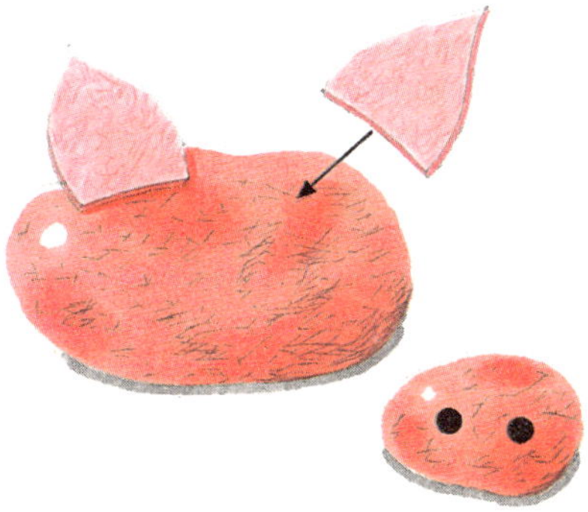

Schwein

Die Schnauze des Schweins ist ein kleinerer Stein, der in der gleichen Farbe wie das Gesicht angemalt und dann aufgeklebt wird. Nasenlöcher, Augen und Mund werden mit Schwarz aufgemalt, dann kleben wir zwei Ohren aus rosa Filz an.

Raupe

Der Körper der Raupe besteht aus vielen kleinen Steinen, die wir grün bemalen und anschließend hintereinanderlegen. Auf den ersten, etwas größeren Stein malen wir Augen und Maul.

Bär

Wir grundieren den Stein braun, malen mit Hellbraun die Schnauze und mit Schwarz das Maul und die Augen auf. Nach dem Überziehen mit Mattlack kleben wir zwei Ohren aus braunem Filz an.

Frosch

Wir malen einen Stein grün an. Das Maul und die Nasenlöcher werden mit Schwarz aufgesetzt. Für die Augen kleben wir Kreise aus rotem Filz auf Halbkreise aus grünem Filz, malen eine Pupille auf und kleben die Filzaugen an.

Tiger

Für den Tiger grundieren wir einen Stein gelb. Die Maul-Kinn-Gegend hellen wir mit etwas Weiß auf. Darauf malen wir mit Schwarz das Gesicht und die Streifen. Die Ohren schneiden wir aus gelbem Filz zu und kleben sie an.

Löwe

Den Stein für den Löwenkopf grundieren wir gelb und malen das Gesicht auf. Für die Löwenmähne schneiden wir Jutegarn in kleine Stücke, drehen die einzelnen Fäden auseinander und kleben sie dann büschelweise rund ums Gesicht.

Marienkäfer

Auf den vorher rot grundierten Stein malen wir die vordere Partie sowie den Mittelstreifen und die Punkte mit Schwarz auf.

Tip

Nicht immer sind die glattesten Steine die besten. Kleine Unebenheiten in der Steinoberfläche können unseren Tieren ein besonders lustiges und unverwechselbares Aussehen verleihen.

Walnußkäfer

Altersempfehlung: ab 4 Jahre

Welches Kind kennt und liebt sie nicht, die kleinen roten Marienkäfer, die uns die wärmeren Tage ankündigen? Hier werden diese lustigen Gesellen ganz aus Naturmaterialien gebastelt. Als Vorboten des Frühlings im Kinderzimmer oder als persönlicher Glücksbringer.

Material und Werkzeug

Walnüsse
Ahornfrüchte
Wasserfarbe, Fingerfarbe oder Plakafarbe in Rot und Braun
Pinsel
Tonpapierreste in Schwarz
Pergament- oder Pauspapier
Bleistift
Schere
Klebstoff

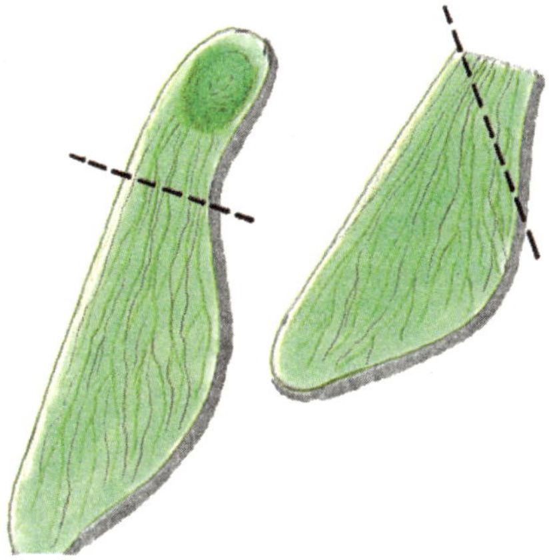

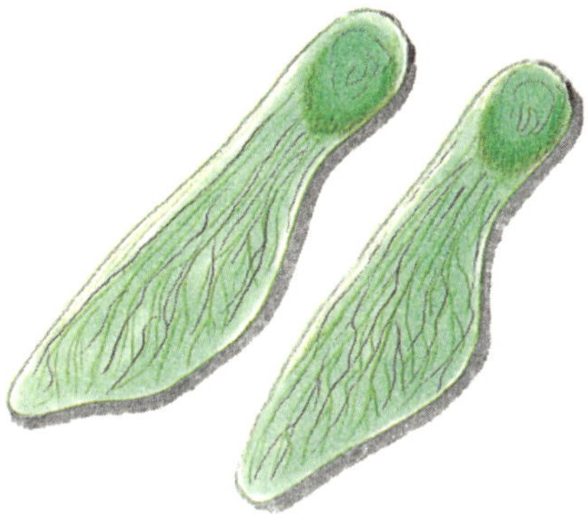

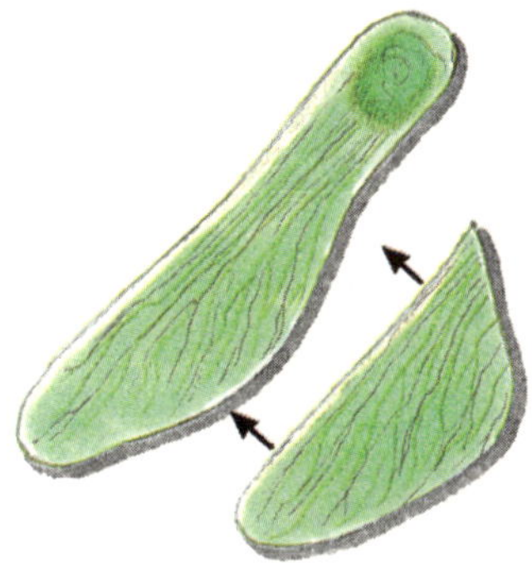

1. Wir bemalen eine halbe Walnußschale vollständig mit roter Farbe und lassen sie trocknen. Vier Ahornfrüchte, also jeweils beide Teile des Ahorn-„Propellers", werden ebenfalls knallrot angemalt. Vorsichtig arbeiten, sie sind zerbrechlich!

2. Von je zwei Früchten schneiden wir das dicke Ende weg und runden die entstandene Ecke ab. Dann kleben wir die Früchte so zusammen, daß ein breiter Flügel entsteht.

3. Mit dunkelbrauner Farbe malen wir nun Tupfer auf die Flügel. Die Spitze der Walnußschale erhält ein braunes „Gesicht".

4. Während die Farbe trocknet, pausen wir die Teile für die Beine und die Fühler auf schwarzes Tonpapier ab und schneiden sie aus.

5. Dann kleben wir die Beinchen unter die Walnuß und die Fühler auf das Gesicht. Die Beinchen biegen wir ein wenig in Form.

6. Zuletzt kleben wir die Flügel rechts und links auf die Walnußschale – und schon kann unser Käferchen davonschwirren.

Abpausvorlage usw.

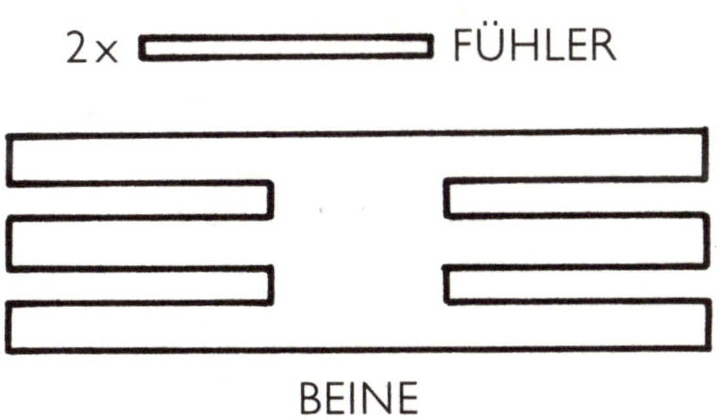

Vogelmobile

Altersempfehlung: ab 6 Jahre

Alle Vögel sind schon da! Wenn der Frühling langsam zurückkehrt, kann das Kinderzimmer eine neue Dekoration vertragen. Die Herstellung dieses Mobiles mit Vogelfamilie erfordert etwas Geschick und Geduld, deshalb sollte kleineren Kindern ein Erwachsener helfen.

Material und Werkzeug

1 Bündel Peddigschiene (Bastelgeschäft)
ungesponnene Schafwolle
gefärbte Perlhuhnfedern
roter Tonpapierrest
Schere
Klebstoff
Wäscheklammern
Heu oder getrocknete Gräser
Reisig
1 dekorativer Zweig
Nylonschnur

1. Für die Herstellung der Vögel weichen wir die Peddigschiene etwa 15 Minuten in Wasser ein. Nun wickeln wir sie zu einzelnen Rollen auf. Für die Vogelbabys sollten die Rollen einen Durchmesser von 2 cm für den Kopf und 3–4 cm für den Bauch haben, für die Vogeleltern entsprechend 3 und 5 cm.

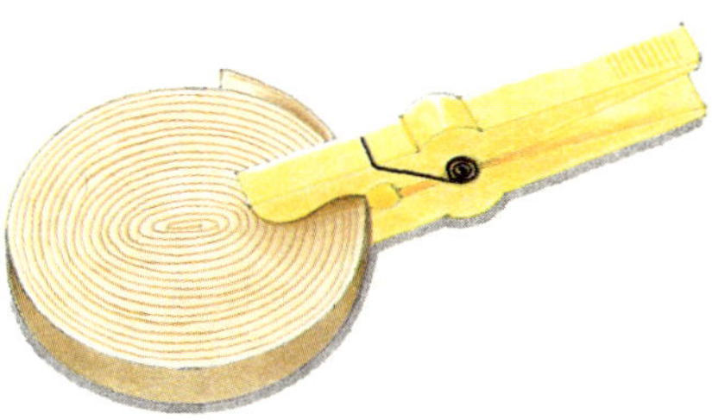

2. Da die nun feuchte Peddigschiene nicht geklebt werden kann, fixieren wir die Enden jeweils mit einer Wäscheklammer.

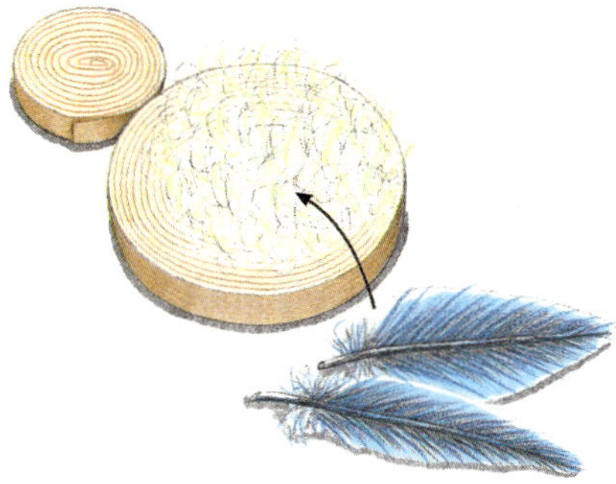

3. Nach dem Trocknen kleben wir die Enden mit Klebstoff fest und fügen Kopf und Bauch aneinander.

4. Die Vogelbabys erhalten am Körper einen Flaum aus Wolle, den wir mit der Schere etwas zurechtschneiden. Dann kleben wir links und rechts auf den Körper eine kleine Feder als Flügel sowie hinten eine Schwanzfeder.

5. Die großen Vögel streichen wir am Bauch beidseitig mit Kleber ein und bringen größere Federn dicht nebeneinander an.

6. Für die Schnäbel schneiden wir jeweils ein in der Mitte gefaltetes Stück Tonpapier in der Breite der Peddigschiene zu einem Dreieck aus und kleben es an den Kopf.

7. Für das Nest verwenden wir ein kleines Bündel Reisig, legen es zu einem Nest und verschlingen die Enden miteinander. Eventuell können wir sie auch mit etwas Kordel festbinden. Dorthinein legen wir nun das Heu und drücken mit der Hand eine nestförmige Mulde hinein.

8. Wir setzen die Vogelbabys in das Nest und klemmen es zwischen die Äste unseres großen Zweiges. Die Vogeleltern werden mit etwas Klebstoff auf den Zweigen befestigt.

9. An Nylonschnüren, die wir beidseitig am Zweig anbringen, können wir das Mobile dann aufhängen.

Zwergenschule aus Kork

Altersempfehlung: ab 6 Jahre

So aufmerksam und fleißig wie hier die Zwerge in ihrer Schulstunde müssen auch die kleinen Bastler sein, wenn sie diese Korkarbeit nachbauen wollen. Doch dafür winkt dann auch ein ganzes Spiel-Schulzimmer mit Lehrer, Schülern, Pulten und Tafel als Lohn!

Material und Werkzeug

1 Kiefernzapfen
4 Erlenzapfen
16 Weinkorken
Lederband
Filzreste
Tonpapierreste in Rot, Blau, Orange und Braun
Zahnstocher

Messer
Schere
Klebstoff
Bleistift
Pergament- oder Pauspapier

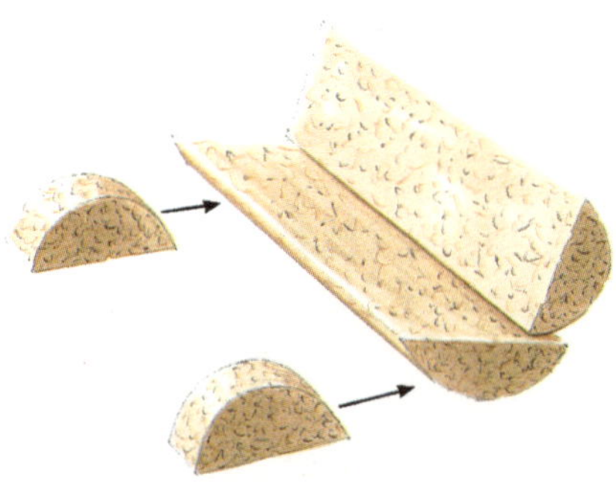

Schulbänke und Tische

Wir schneiden einen Korken längs in der Mitte durch und kleben die Teile so zusammen, daß eine Sitzfläche entsteht. Wir schneiden nun einen weiteren Korken längs in drei Teile. Den schmalen Streifen aus der Mitte kleben wir als Tischplatte auf einen runden Teil. Aus dem übriggebliebenen halbrunden Stück schneiden wir die Tisch- und Bankbeine und kleben sie an.

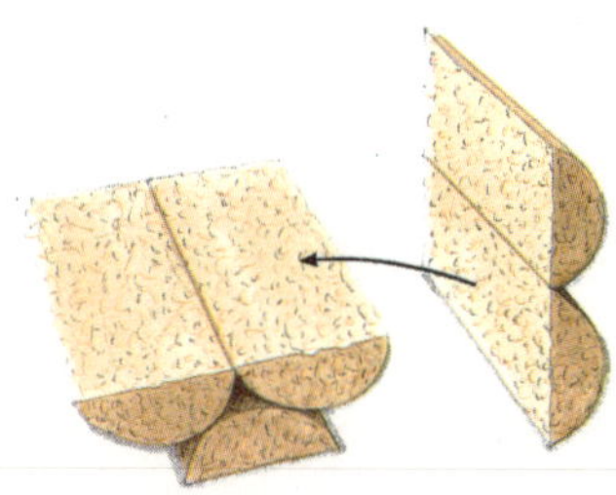

Lehrerstuhl

Wir halbieren zwei Korken längs und kleben sie zu einem Sitz.

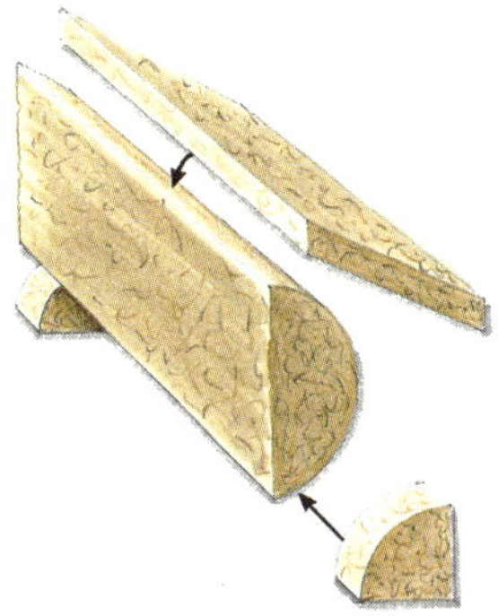

Lehrerpult

Wir teilen einen weiteren Korken längs in drei Teile, kleben die zwei runden aufeinander, den schmalen Mittelteil als Tischfläche darauf. Von einem neuen Korken schneiden wir zwei Scheiben ab, halbieren sie und kleben sie als Beine an.

Tafel

Zwei Korken halbieren wir längs und kleben alle vier Teile zu einer Fläche zusammen. Zwei halbierte Scheiben kleben wir als Fuß an. Aus schwarzem Tonpapier schneiden wir das Tafelbild zurecht und kleben es auf die Fläche.

Schultaschen

Die Schultaschen bestehen jeweils aus einem viereckigen Stück Korken, an dessen Rückseite wir zwei kleine Stücke Lederband befestigen.

Schüler und Lehrer

1. Jetzt brauchen wir natürlich noch die Schüler und den Lehrer. Wir pausen von der Vorlage die Teile für Hüte, Arme und Beine auf eine Schablone und schneiden sie aus.

2. Aus Filz schneiden wir die Hüte und die Nase des Lehrers, aus Tonpapier Augen, Arme und Beine. Die Hüte kleben wir an der geraden Seite zu einer Tüte zusammen und befestigen sie an den Zapfen. Ebenso kleben wir die restlichen Teile auf die Zapfen; der Lehrer bekommt noch seinen Zeigestock – und schon kann der Unterricht beginnen!

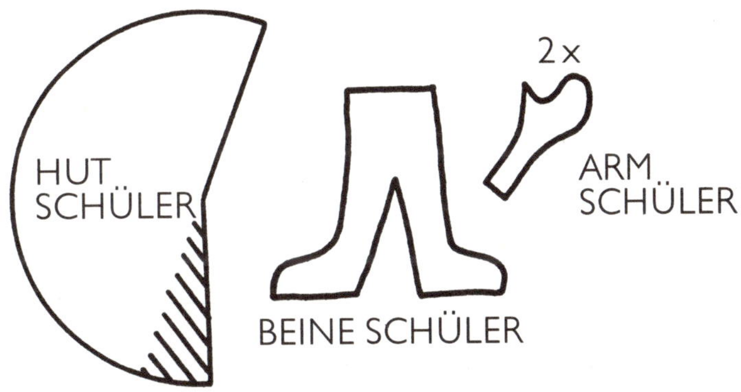

Abpausvorlagen

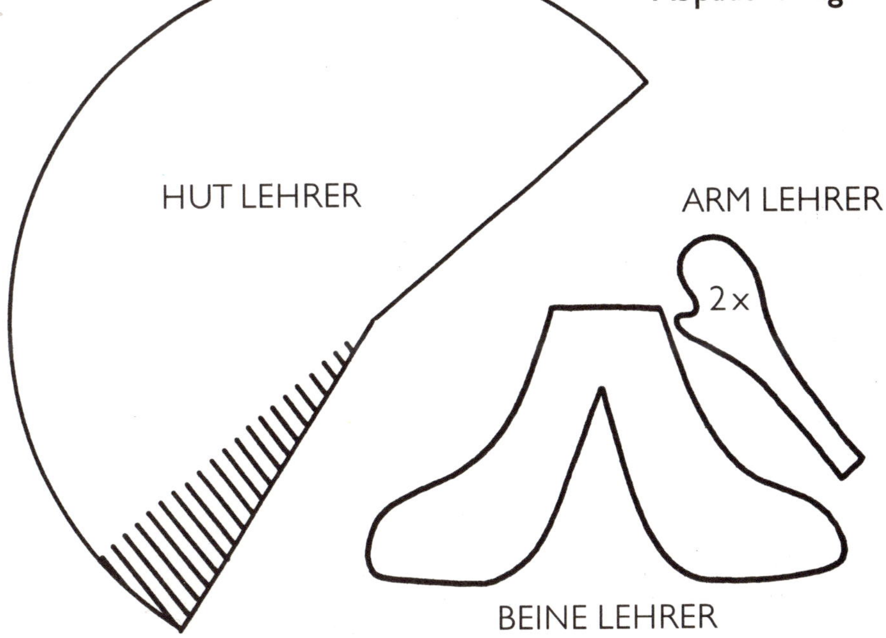

Kork-Eisenbahn

Altersempfehlung: ab 6 Jahre

Wieviel sich aus dem Material Kork machen läßt, zeigt auch dieser Bastelvorschlag. Mit ein bißchen Geduld entsteht aus alten Weinkorken eine Eisenbahn, die Kinderherzen höher schlagen läßt.

Material und Werkzeug

12 Weinkorken
Klebstoff
Küchenmesser
Küchenbrett als Arbeitsunterlage
Zahnstocher
Ösen (Bastelbedarf)
Garn

Lok

1. Für die Lok benötigen wir 8 Weinkorken. Von 4 Korken kleben wir jeweils zwei hintereinander. Von einem der beiden Teile schneiden wir eine Scheibe von 1 cm Breite ab. Dann kleben wir die Korkenteile übereinander, wobei das längere oben liegt.

2. Von einem weiteren Weinkorken schneiden wir sechs schmale Scheiben ab – das sind die Räder. Je drei kleben wir rechts und links an unsere Lok.

3. Drei Korken werden in schmale Streifen geschnitten, zwei Mittelteile davon kleben wir als Dach zusammen. Das Mittelteil des dritten Korkens schneiden wir nochmals längs in 4 Streifen. Je zwei Streifen werden als Dachstütze an die obere Korkenreihe geklebt, darauf befestigen wir das Dach. Falls es zu lang ist, kürzen wir es noch ein wenig.

4. Aus den übriggebliebenen Teilen schneiden wir noch die Schornsteine, einen langen und zwei kurze. Zum Schluß kleben wir noch je einen Zahnstocher quer über die Räder.

Waggons

1. Die Waggons arbeiten wir aus je 4 Weinkorken. Wir schneiden 4 Räder und kleben jeweils 2 rechts und links an einen Korken. Einen weiteren Korken teilen wir wieder in 3 Streifen. Den mittleren geraden Teil schneiden wir in 4 schmale Streifen und kleben sie zu je zweien vor und hinter den Wagenkorken.

2. Übrig bleiben zwei Streifen mit runden Kanten. Wir brauchen noch einen dritten solchen Streifen und bilden damit das Dach, indem wir sie versetzt zusammenkleben. Dieses Dach setzen wir nun auf die Stangen.

3. Um die Waggons und die Lok miteinander verbinden zu können, drehen wir in jeden Korken eine Öse. Mit einem Stück Garn können wir dann die Waggons und die Lok verbinden.

Pfiffige Trolle

Altersempfehlung: ab 8 Jahre

Diese trolligen Gesellen sehen überall schön aus; am wohlsten fühlen sie sich aber draußen im Freien, im Garten, auf dem Balkon oder der Terrasse. Baumstämme in dieser Größe finden sich leicht beim Kaminholz, im Holzhandel oder im Wald.
Die Trolle sind eine echte Herausforderung für etwas geübtere Bastler.

Material und Werkzeug

Baumstamm (hier ⌀ ca. 12 cm; Länge ca. 30 cm)
2 Docken Bast
2 Holzkugeln
Plakafarben in Weiß und Schwarz
Pinsel
Klammerhefter (Tacker)
Heißklebepistole oder Holzleim
Holzfeile

1. Zuerst schmücken wir unsere Trolle mit buschigen Haaren. Dazu wickeln wir Natur- oder Kunstbast mehrmals um einen ca. 6 cm hohen Gegenstand, z. B. ein Brett, schneiden den Faden mit einer Schere ab und knoten mit seinem Ende eine Seite des umwickelten Bastes fest zusammen.

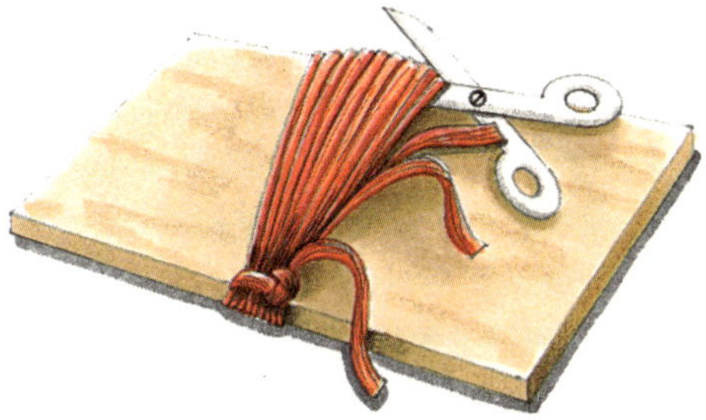

2. Anschließend schneiden wir oben die entstandenen Schlaufen vorsichtig mit einer Schere auf, und schon ist ein Haarbüschel für unseren Troll fertig.

3. Den Bastbüschel heften wir mit dem Klammerhefter oben am Baumstamm fest. Die restlichen Haarbüschel stellen wir ebenso her und befestigen sie nebeneinander auf dem Stamm.

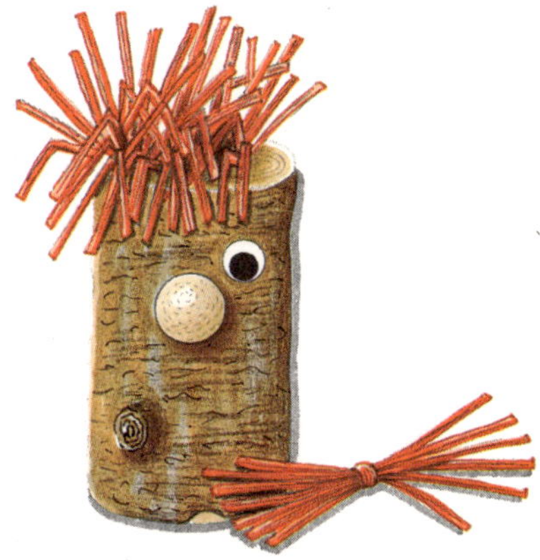

4. Für die Nase feilen wir eine Holzkugel an einer Seite etwas flach und kleben sie an. Augen und Mund malen wir mit Plakafarben auf. Dann können wir den Trollen Ohren aus kleinen Holzstücken ankleben.

Tip
Wenn man einen andersfarbigen Bast wählt, bekommt der Troll wieder ein ganz neues Äußeres. Wie gefiele euch ein Troll mit blauen oder grünen Haaren?

Klachter

Altersempfehlung: ab 8 Jahre

Wer schon Laubsägearbeiten machen kann, gibt mit diesem Instrument bestimmt den Ton an! Das Klachter ist eine Art Xylophon. So wie wir es herstellen, erzeugt es eine unreine Tonleiter von C zu C'. Es wird mit der einen Hand freischwebend gehalten und mit der anderen bespielt. Wen die unreinen Töne stören, der kann sich mit dem Stimmen des Instruments versuchen. Durch Kürzen der Stäbe werden die Töne höher, raspelt man in der Mitte des Stabes ein wenig Holz weg, so wird der Ton tiefer.

Material und Werkzeug

✂ *Rest von mitteldicker Wolle*
Schere
Bleistift
172 cm langer Dübelstab (Ø 2 cm)
Lineal
Laubsäge
feines Schmirgelpapier
1 Holzperle (Ø 2 cm)
25 cm langer Dübelstab (Ø 0,5 cm)
Holzleim, z. B. Ponal express

1. Wir drehen zuerst aus 5 Wollfäden eine 100 cm lange Kordel. Die 5 Wollfäden müssen dafür 250 cm lang sein. An beiden Enden der fertigen Kordel machen wir dann einen Knoten.

2. Jetzt messen und sägen wir von unserem großen Dübelstab
8 Stäbe von folgender Länge ab:
1. 25 cm
2. 24 cm
3. 23 cm
4. 22 cm
5. 21 cm
6. 20 cm
7. 19 cm
8. 18 cm

3. Mit dem Schmirgelpapier schmirgeln wir alle Teile an den Enden glatt.

4. Die Kordel legen wir U-förmig vor uns hin. Das längste Holzteil schieben wir durch die beiden Enden der Kordel.

5. Wir nehmen von den verbleibenden Stäben wieder den längsten und stecken ihn mit den Enden ebenfalls in die Kordel. In der gleichen Weise verfahren wir, bis alle Stäbe in der Kordel untergebracht sind.

6. Dann schneiden wir den Knoten am geschlossenen Ende der Kordel auf. So erhalten wir rechts und links hübsche Fransen.

7. Zuletzt basteln wir den Holzklöppel. Hierzu bestreichen wir ein Ende des dünnen Dübelstabes mit etwas Holzleim. Die Holzperle wird auf dieses Ende geschoben. Das Ganze muß etwa einen Tag trocknen, bis der Klöppel zum Spielen des Klachters verwendet werden kann.

Osterbasteleien

Das Osterfest muß natürlich gehörig gefeiert werden! Das bedeutet aber nicht, daß zur Verschönerung von Haus und Garten unbedingt aufwendige Gestecke gekauft werden müßten. Ein Spaß für die ganze Familie ist es nämlich, den Osterschmuck einmal selbst zu basteln – aus allem, was die Natur so bietet! Mit selbstgesammelten Gräsern kann man Kränze verzieren und mit Moos und Zweigen sogar einen richtigen kleinen Ostergarten nachbauen. Auch die Eier können wir dieses Jahr einmal ganz mit Naturprodukten einfärben, und wenn dabei eins zerbrechen sollte – macht nichts! Auch aus den Schalensplittern entstehen noch tolle Bilder!

Osterbaum, Anleitung auf Seite 42
Bilder und Dekor aus Eierschalen, Anleitung auf Seite 32

Weidenkranz mit Vögeln

Altersempfehlung: ab 4 Jahre

Schnell und einfach kann zur Osterzeit ein hübscher Zimmerschmuck gebastelt werden. Den Weidenkranz und die Vögel mit der Drahtbefestigung kann man im Bastelgeschäft kaufen; dekoriert wird mit selbstgesammelten und -getrockneten Pflanzen.

Material und Werkzeug

Weidenkranz (Ø 20 cm)
Vögel mit Drahtbefestigung
Geschenkband (ca. 90 cm)
Islandmoos
Gräser
getrocknete Pflanzen
Klebstoff
Zange

1. Zuerst kleben wir am unteren Teil des Kranzes Islandmoos als Untergrund auf.

2. Wir arbeiten seitlich weiter, indem wir getrocknete Pflanzen aller Art so in den Weidenkranz einkleben, daß sie auf beiden Seiten nach oben stehen. Dabei wirken Gräser sehr schön.

3. Nun stecken wir die Vögel mit der Drahtbefestigung durch den Kranz hindurch, biegen den Draht auf der Rückseite etwas um und zwicken den überstehenden Draht mit der Zange ab. Dabei kann den kleineren Kindern vielleicht ein Erwachsener helfen.

4. Zum Schluß ziehen wir das Geschenkbank ein. Dazu legen wir es doppelt zusammen. Die beiden aufeinanderstoßenden Enden binden wir zum Knoten zusammen. Dort wird der Kranz später aufgehängt.

5. Jetzt legen wir die Schlinge des Bandes um die Kranzoberseite und ziehen den Knoten durch die Schlinge nach oben.

Bilder und Dekor aus Eierschalen

Altersempfehlung: ab 4 Jahre

Was wäre Ostern ohne Eier?! Manchmal jedoch geht beim Färben oder Ausblasen die zerbrechliche Schale eines Eies kaputt. Daß man auch aus solchen Splittern noch etwas Tolles zaubern kann, zeigt dieser Bastelvorschlag, der Anregungen für kleine wie größere Kinder bereithält.

Material und Werkzeug

Eierschalen
Wasserfarbe und Pinsel
Klebestift
Zahnstocher oder Schaschlikspieß aus Holz

Bilder:
dünner Karton, weiß oder farbig

Blumentopf und Eierbecher:
Tontopf (Ø 10–12 cm)
Tontopf (Ø 5 cm)
Sprühlack

Ostereier:
ausgeblasene Eier (wie man Eier ausbläst, steht auf Seite 9)
Wasserfarben zum Grundieren
Sprühlack

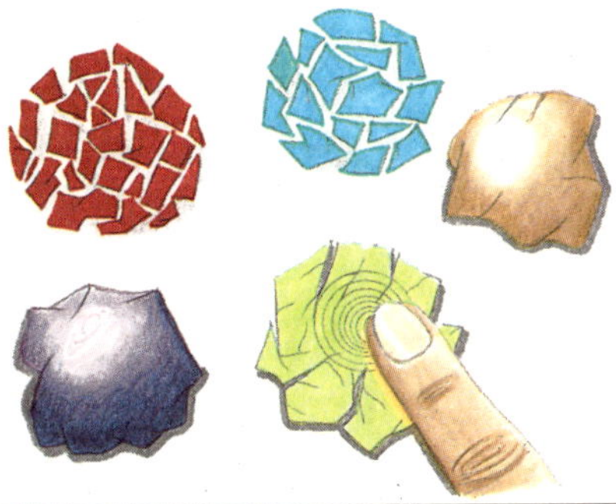

1. Wir spülen die Eierschalen gut ab und tupfen sie trocken, dann ziehen wir vorsichtig die weiche Innenhaut ab. Die Schalen lassen sich sonst schlecht in kleine Stückchen brechen.

2. Je nach Wunsch belassen wir die Eierschalen in Weiß und Naturbraun, oder wir malen sie mit Wasserfarben außen an und legen sie zum Trocknen auf ein Papier.

3. Für ein Eierschalenbild benötigen wir weißen oder farbigen Karton. Wir beginnen an einer beliebigen Stelle, streichen den Karton mit Klebestift ein und legen ein etwa 2-Mark-großes Stück Schale mit der Rundung nach oben darauf. Wir drücken es mit dem Finger platt, so daß die Schale zerspringt und die einzelnen Teile auf dem Karton kleben. So fahren wir mit verschiedenfarbigen Eierschalen fort, bis unser Bild ausgefüllt ist. Bei den Motiven sind der Phantasie keine Grenzen gesetzt – auch die kleineren Kinder können hier nach Lust und Laune mitmachen!

4. Um eine Landschaft oder, wie hier abgebildet, ein Blumenmotiv zu gestalten, nehmen wir einen weißen Bogen Papier, legen verschiedenfarbige Eierschalen darauf und zerkleinern sie.

5. Wir streichen den Karton wieder mit Klebestift ein, befeuchten die Spitze eines Zahnstochers oder eines Schaschlikspießes mit wenig Klebstoff und setzen damit einzelne Schalenstückchen auf das Bild. Da wir nicht vorzeichnen, gestalten wir das Motiv nach der Phantasie.

6. Wir können aber auch Blumentöpfe aus Ton mit Eierschalen bekleben.
Große Blumentöpfe können wir als Übertöpfe verwenden, die ganz kleinen sind genau passend als Eierbecher.
Die fertigen Töpfe überziehen wir mit farblosem Sprühlack.

7. Bevor wir die Eier mit Eierschalen bekleben, können wir sie noch farbig grundieren. Beim Bekleben der Eier müssen wir aber besonders vorsichtig sein und die Schalenstückchen nur einzeln aufsetzen, da wir sonst das Ei zerdrükken würden. Das fertige Osterei besprühen wir dann ebenfalls mit Klarlack.

Gänsebild

Altersempfehlung: ab 4 Jahre

Eine Bastelarbeit, die auch schon von kleineren Kindern hergestellt werden kann, ist dieses flauschige Gänsebild mit echten Federn. Wunderschön sieht es als Fensterdekoration aus, aber auch als Wandbild im Kinderzimmer. Federn findet man häufig auf einem Bauernhof im Hühnerstall. Wer nicht genug Federn findet, kann den Inhalt eines alten Kopfkissens nehmen.

Material und Werkzeug

weißer und orangefarbener Tonkarton
Federn
Stifte
Schere
Klebstoff
Pergament- oder Pauspapier

1. Wir übertragen das Gänsemuster von der Vorlage auf weißen Tonkarton und schneiden es anschließend aus.

2. Schnabel und Augen der Gänse werden mit Filz- oder Buntstift aufgezeichnet und ausgemalt.

3. Die Füße schneiden wir gleich zweimal aus orangefarbenem Tonkarton zu und kleben sie an den Gänsekörper.

4. Zum Schluß werden die Gänse mit Klebstoff bestrichen und mit reichlich Federn beklebt.

Tip
Wenn man die Gänse zusammen mit einem Streifen Gras oder Heu auf Karton klebt, wirkt das Bild noch plastischer und „echter"!

Abpausvorlage

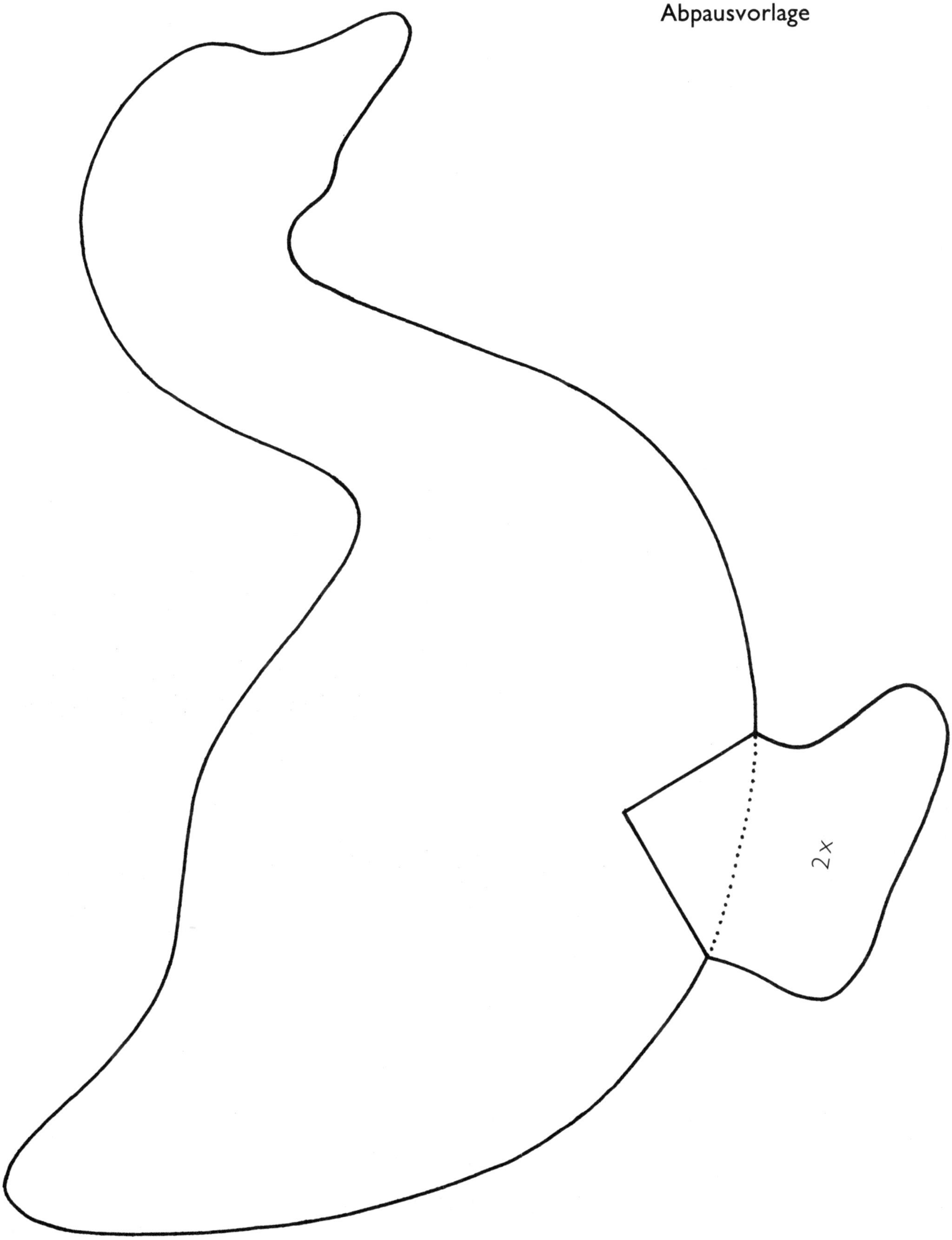

Ostereier mit Blattmotiven

Altersempfehlung: ab 6 Jahre

Für das Verzieren von Ostereiern ist es nicht unbedingt nötig, Farben und Lacke zu kaufen. Durch und durch natürlich ist nämlich das hier gezeigte Verfahren, Ostereier mit einem Sud aus Zwiebelschalen zu färben. Diese Technik, die schon unsere Großmütter kannten, ist sehr effektvoll, billig und darüber hinaus kinderleicht nachzumachen.

Material und Werkzeug

frische weiße Hühnereier
Speisezwiebeln
Salz
Essig
frische kleine Blüten, Blätter oder Gräser
Küchenmesser
Schere
Nylonstrümpfe, -strumpfhose oder anderes feinmaschiges Gewebe
Bindfaden
ein großer alter Kochtopf

1. Wir sammeln besonders schöne kleine Blüten, Blätter oder Gräser und legen sie dekorativ auf die Schale eines Eies. Zu lange Pflanzenstiele werden abgeschnitten. Dann ziehen wir ein Stück Strumpfgewebe vorsichtig über das Blattmotiv, spannen es auf der Rückseite des Eies straff und binden es ab. Die Pflanzenteile auf dem Ei dürfen nicht verrutschen.

2. Für den Zwiebelsud müssen etwa 1 kg Zwiebeln geschält werden. Die Schalen geben wir in einen großen alten Topf, den wir anschließend mit Wasser füllen. Nun geben wir noch etwas Salz und Essig dazu und legen dann die Eier hinein. Aber aufgepaßt: Schalen und Eier müssen ganz mit Wasser bedeckt sein!

3. Nun kochen wir die Eier so lange, bis die gewünschte Farbintensität erreicht ist. Für ein zartes Ocker benötigt man z. B. 5 Minuten Kochzeit, für eine dunkle Brauntönung sollten die Eier bis zu 15 Minuten im Zwiebelschalensud kochen.

4. Zum Schluß werden die Eier aus dem Topf genommen und mit kaltem Wasser abgeschreckt. Strumpfgewebe und Blätter entfernen wir wieder. Auf den Eiern treten nun deutlich die Blattmuster hervor. Und den Zwiebelschalensud kann man noch für einen Färbevorgang verwenden.

Tip

Wer die Ostereier nicht essen, sondern lieber an den Osterstrauch hängen will, muß sie ausblasen und danach mit Wasser füllen, wie das geht, steht auf Seite 9. Die Löcher mit Kerzenwachs verschließen, da die Eier sonst beim Färbevorgang nicht tief genug im Wasser liegen.

Ostergarten

Altersempfehlung: ab 6 Jahre

Ostern ohne ein Osternest ist für Kinder wohl kaum vorstellbar. Eine etwas aufwendigere Variante ist dieser Ostergarten, der auch nach Ostern noch ein hübscher Schmuck für ein Beet, für Balkon oder Terrasse sein kann.
Der Ostergarten ist ein Arbeitsvorschlag für etwas erfahrenere Bastler. Aber bestimmt werden auch die jüngeren Kinder gerne mit dem kleinen Naturkunstwerk spielen!

Material und Werkzeug

Lappenmoos
dünne gerade Zweige bzw. Stöckchen versch. Längen
Säge, Messer
Holzleim
Kordel
Maßband
Forsythienzweige
Osterglocken
1 Strohpüppchen (Bastelbedarf)

1. Wir suchen uns eine geeignete Stelle im Garten und breiten darauf einen Teil des Lappenmooses auf einer Fläche von etwa 30 x 50 cm aus.

2. In einer Ecke bauen wir das Nest auf. Wir wickeln einige große Moosstücke zu einer Rolle auf und formen sie zu einem Nest. Das Innere des Nestes legen wir nochmal mit Moos aus.

3. An der Vorderseite des Gartens stellen wir einen Zaun auf. Dazu nehmen wir 6 Stöckchen mit einer Länge von je 10 cm und stecken sie in einem Abstand von je 10 cm in den Boden. Das sind unsere Zaunpfähle. Dazwischen binden wir mit der Kordel jeweils zwei Stöckchen über Kreuz an den „Zaunpfählen" fest.

4. An den drei anderen Seiten unseres Gartens stecken wir Forsythien- oder andere blühende Zweige in den Boden und verzieren den Garten mit Osterglocken, Hyazinthen o. ä.

5. Für das Bänkchen halbieren wir drei 15 cm lange gerade Stöckchen. Außerdem benötigen wir zwei Stöckchen von 11 cm Länge und vier von 6 cm Länge. Nun verbinden wir die Teile wie folgt: Wir stellen zuerst Rückenlehne und Sitzfläche zusammen. Danach befestigen wir die Sitzfläche an der Rückenlehne und kleben zum Schluß die Beine an. An den angegebenen Stellen kerben wir die Hölzer etwas ein, damit die Rundungen aufeinanderpassen.

6. Das Bänkchen stellen wir in den Garten und setzen das Püppchen darauf. Wir können den Garten auch noch mit anderen österlichen Utensilien schmücken, zum Beispiel mit einem Häschen oder einem Huhn.
Nun kann der Osterhase kommen!

Eierkranz

Altersempfehlung: ab 8 Jahre

Da dieser Eierkranz aus sechs Eiern besteht, kann sich die ganze Familie am Ausblasen und Bemalen beteiligen. Kein Problem für handwerklich geschickte Kinder ist auch das Biegen des Kranzes. In der Kombination mit den Zweigen ist diese Osterbastelei eine echte Zierde für jeden Raum.

Material und Werkzeug

6 ausgeblasene Eier
(siehe Seite 9)
Wasserfarben
dünner Pinsel
klarer Sprühlack
70 cm langer Draht
(Ø 1 mm)
8 Holzperlen (Ø 2 cm)
4 Holzperlen (Ø 3,5 cm)
einige dekorative Zweige
(z. B. Ruskus, gibt es im Bastelgeschäft oder in Blumenläden)
Blumendraht
30 cm langes Samtband
(Breite 1 cm)
Kneifzange
Streichholz
Faden

1. Die ausgeblasenen Eier werden bemalt und mit dem Sprühlack lackiert.

2. Anschließend werden die Holzperlen in zu den Farben der Eier passenden Tönen bemalt und ebenfalls lackiert.

3. Wir legen eines der bemalten Eier beiseite. Wir brauchen es später noch für die Mitte. Die restlichen Eier und Kugeln werden so auf den Draht aufgereiht, daß zwischen jedem Ei immer 2–3 Perlen sitzen. Der Abschluß rechts und links wird von jeweils 1 Holzperle gebildet.

4. Nun wird der Draht vorsichtig zum Rund gebogen. Die Drahtenden fassen wir mit der Kneifzange und verdrehen sie miteinander (siehe Zeichnung). An dieser Stelle ziehen wir einen langen Faden durch den Draht zum Aufhängen des Eierkranzes.

5. Die Drahtenden verdecken wir durch die Zweige. Einige Ästchen werden mit Blumendraht an der Nahtstelle des Eierkranzes befestigt, um diese zu verdecken.

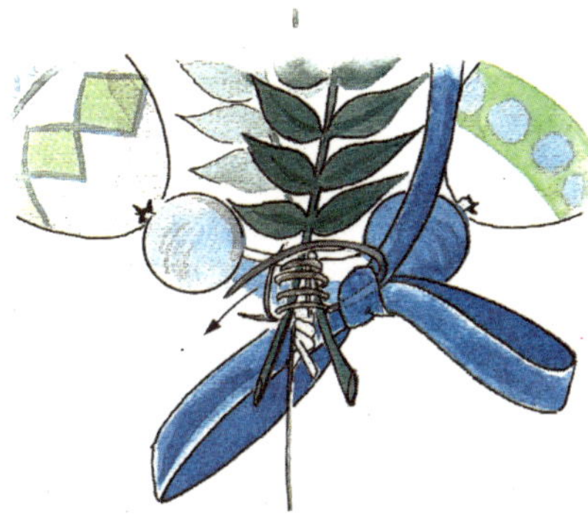

6. Dann binden wir das Samtband zu einer Schleife und befestigen diese ebenfalls mit Blumendraht oben am Eierkranz.

7. Das zurückgelegte Ei versehen wir mit einer Aufhängung aus Draht und binden es so an ein Ästchen, daß es in der Mitte des Eierkranzes hängt.

Tip

Wenn wir den Kranz ganz in abgestuften Grün-, Braun- oder Blautönen halten, sieht er besonders natürlich aus.

Osterbaum

Altersempfehlung: ab 8 Jahre

Ein eindrucksvoller Raumschmuck ist dieser Osterbaum, den durchaus auch schon Kinder anfertigen können. Das Einsäen des Blumentopfes können sogar die Jüngeren schon allein übernehmen. Dies sollte etwa zwei Wochen vor der Anfertigung des Baumes geschehen, so daß der fertige Baum dann gleich „im Grünen" steht. Größere Kinder können die Leisten fast ohne Hilfe zuschneiden und festnageln. Das Umwickeln der Leisten mit Efeuranken geht anschließend am besten zu zweit.

Material und Werkzeug

1 Tonblumentopf (Ø ca. 36 cm)
Blumenerde
Grassamen oder Hafer
2 m Holzleiste (Breite 2 cm, Höhe 1,5 cm)
Maßband
Bleistift
Säge
Nägel
Hammer
lange Efeuranken
Blumendraht
Schleifenband

1. Wir füllen den Blumentopf mit Erde, säen darauf das Gras oder den Hafer (Hafer keimt schneller als Gras, und die Halme sind dikker) und drücken die Erde mit der Hand etwas fest. Regelmäßiges Gießen nicht vergessen!

2. Für die Anfertigung des Baumes sägen wir die Holzleiste in fünf Teile. Dafür messen wir mit dem Maßband folgende Längen ab, markieren sie mit dem Bleistift und sägen sie zu: 1 x 15 cm, 1 x 25 cm, 1 x 35 cm, 1 x 45 cm und 1 x 70 cm.

3. Nun werden die Teilstücke zusammengenagelt.

4. Nachdem das Gerüst fertiggestellt ist, beginnen wir, die Efeuranken um den Baum zu binden. Zuerst wird der Stamm von oben nach unten umwickelt. Einer hält den Baum fest, der andere legt die Efeuranken spiralförmig in mehreren Schichten um den Stamm und bindet sie mit Blumendraht fest, bis das Lattengerüst nicht mehr zu sehen ist. Die unteren 20 cm des Stammes bleiben frei. Dieser Teil wird später in die Erde gesteckt.

5. Dort, wo die Efeuranken noch Lücken gelassen haben, stecken wir einzelne Efeublätter in das Geflecht. Wir können deren Stengel unter den Draht stecken, damit sie nicht verrutschen.

6. Zum Schluß schauen wir noch einmal, ob das Grün rundherum gleichmäßig verteilt ist, damit der Baum von allen Seiten schön anzusehen ist.

7. Den fertigen Baum stecken wir in den Blumentopf und binden eine große Schleife um den oberen Rand des Topfes. Jetzt können wir noch gefärbte Eier an die Äste des Baumes hängen.

Alles geschenkt

„Geschenkt" sind die Bastelarbeiten in diesem Kapitel im doppelten Sinn: Zum einen handelt es sich ganz einfach um eine Zusammenstellung von Ideen für schöne Überraschungsgaben, die man lieben Leuten zu allen Anlässen überreichen kann. Und Anlässe gibt es ja genug – man denke z. B. an den Muttertag!

Zum zweiten sind aber alle Mitbringsel, die hier vorgestellt werden, auch „Geschenke" der Natur an uns – man muß die passenden Materialien ja nur auffinden und sich etwas damit einfallen lassen. Aus Blumen kann man z. B. kinderleicht Fensterbilder oder Blütenketten basteln. Und auch Schmuck muß nicht teuer sein, wenn Rindenstücke zur Hand sind. Wen das überrascht, der sollte mal weiterblättern ... So vielfältig wie die Natur sind eben auch die Schenkmöglichkeiten. In dieser bunten Mischung findet bestimmt jeder etwas.

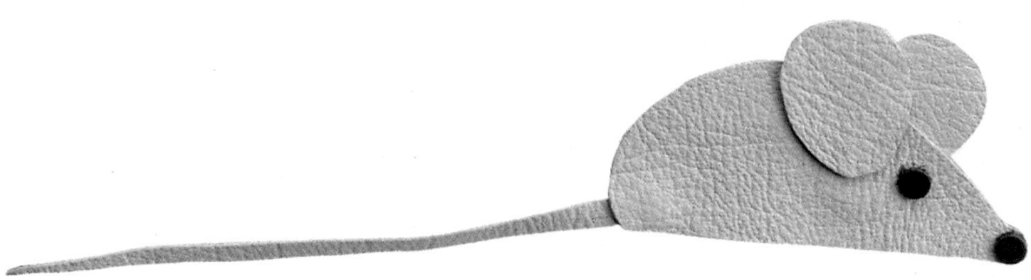

Glückskacheln, Anleitung auf Seite 49
Schmuck aus Lederresten, Anleitung auf Seite 53

Trockenblumen im Herzrahmen

Altersempfehlung: ab 5 Jahre

Auch diese dekorativen Herzen sind eine schöne Geschenkidee zum Muttertag. Kleinere Kinder können sie problemlos nachbasteln und stolz verschenken. Die Blumen werden selbstverständlich selbst gesammelt und getrocknet. Wer findet die schönsten Gräser?

Material und Werkzeug

Pergament- oder Pauspapier
Bleistift
1 DIN-A 4-Bogen
rosa Tonpapier
Trockenblumen oder -gräser
Klebstoff
Schere
Nadel
Faden

1. Von der Vorlage auf Seite 48 pausen wir das Herz zweimal auf unser Tonpapier und schneiden beide Herzen aus.

2. Auf die untere Ecke des Herzens streichen wir jetzt reichlich Klebstoff. Auf den noch flüssigen Klebstoff legen wir entweder einzeln unsere Trockenblumen und -gräser, oder wir stellen sie zuerst zu einem Sträußchen zusammen und kleben dieses dann auf.

3. Das zweite Herz wird nun auf das erste aufgeklebt, so daß die Gräser und Blumen zwischen den beiden Papierherzen kleben.

4. Zum Aufhängen des fertigen Zimmerschmuckes ziehen wir mit der Nadel einen Faden durch die obere Mitte des Herzens und verknoten ihn.
Ein Geschenk, das garantiert „von Herzen" kommt!

Tip

Diese Herzen eignen sich ganz toll als Fensterdekoration oder – wie hier gezeigt – als kleines Schmuckstück für ein paar Zweige. Man kann aber auch gleich mehrere Herzen basteln und ein Mobile damit anfertigen. In diesem Fall werden die einzelnen Herzen mit unterschiedlich langen Bändern an einer ringförmigen Deckenhalterung befestigt. Schaut einmal bei der Anleitung zu dem Muschelfisch-Mobile (Seite 72) nach, wie man so etwas macht!

Abpausvorlage

Glückskacheln

Altersempfehlung: ab 5 Jahre

Wenn man jemandem ganz besonders viel Glück wünschen möchte, kann man das mit diesen persönlichen Glückskacheln tun.
Das Bekleben mit Trockenblumen oder Tannenzapfen kann jedes Kind nach eigener Phantasie und Kreativität ausführen. Beim Bemalen der Kaffeebohne sollte man allerdings aufpassen: Es verlangt eine ruhige Hand!
Eine tolle Geschenkidee auch zum Muttertag!

Material und Werkzeug

Für den Käfer:
Kaffeebohnen
Wasserfarbe oder Fingerfarbe, rot, schwarz
Pinsel
Filzstift, schwarz

Für die Glückskacheln:
1 kleine Keramikkachel (gibt es im Baumarkt)
Lineal
Bleistift
1 Aufhänger
Trockenblumen
Klebstoff
1 Kaffeebohnenkäfer
Filzstift, „permanent"

1. Marienkäfer:
Wir bemalen eine Kaffeebohne mit roter Farbe. Anschließend malen wir das Köpfchen mit schwarzer Farbe an. Mit einem dünnen Pinsel oder einem Filzstift ziehen wir einen feinen schwarzen Strich auf dem Rücken und zeichnen rechts und links davon kleine schwarze Punkte.

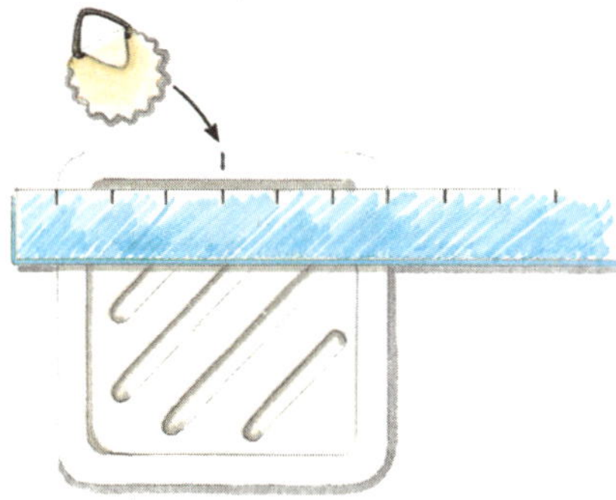

2. Wir drehen die Kachel auf die Rückseite und bestimmen mit einem Lineal die Mitte des Kachelrandes. Dort zeichnen wir mit Bleistift einen kleinen Strich auf. Wir kleben den Aufhänger dann so an, daß sich der Haken genau über dem Bleistiftstrich befindet.

3. Auf die Vorderseite der Kachel legen wir vorsichtig ein kleines Sträußchen aus Trockenblumen und kleben die einzelnen Teile fest. Den Käfer kleben wir darüber und malen mit dem Filzstift sechs Beinchen und die Fühler auf.

Blütenketten

Altersempfehlung: ab 6 Jahre (mit Hilfe eines Erwachsenen)

Romantische Blütenketten verzaubern einfach jeden, der sie bekommt. Egal, welche Blumenart man wählt oder welche Länge die Kette haben soll – dieses aufsehenerregende Geschenk gelingt mit Sicherheit auch schon kleinen Bastelkünstlern. Und die werden bestimmt selbst darüber staunen, was für Schmuckstücke die Natur bereithält!

Material und Werkzeug

frische oder getrocknete Blüten
festes Nähgarn
Nähnadel
Schere

1. Zunächst wählen wir die zu dem Anlaß und dem Beschenkten passenden Blumen aus. Denkbar wäre ein einheitlicher Kranz aus nur einer Blütensorte oder auch eine lustige, bunte Frühlingsmischung.

2. Die Stiele der Blumen schneiden wir knapp unterhalb des Blütenansatzes ab.

3. Anschließend fädeln wir einen langen Faden auf eine Nadel und stechen mit der Spitze quer durch einen Blütenkopf. Aber Vorsicht: Die Nadel ist sehr spitz! Den Faden ganz durchziehen und gleichzeitig schon die nächste Blüte auffädeln.

4. Wir ziehen so viele Blüten auf, wie wir möchten. Einen kleinen Kranz kann man beispielsweise als Halskette tragen. Ein längerer ergibt eine Zimmerdekoration, die man an einem Regal oder Bettpfosten aufhängen kann.
Wenn alle Blüten aufgefädelt sind, verknoten wir die Enden des Fadens miteinander und schneiden sie ab.

Tip

Wer keine Kette, sondern lieber gleich eine ganze Festgirlande basteln möchte, fädelt die Blüten auf einen entsprechend langen Faden, ohne die Enden miteinander zu verknoten. Die jeweils letzten Blüten am Kettenende müssen mehrfach „vernäht" werden, damit sie nicht verrutschen.

Herzen aus Rinde

Altersempfehlung: ab 8 Jahre
(mit Hilfe eines Erwachsenen)

Ein Waldspaziergang mit den Eltern kann schnell an Langeweile verlieren, wenn man dabei ein Mitbringsel findet, das entweder schon im Wald während der ersten Rast oder zu Hause gebastelt werden kann. Dieser Schmuck aus Rinde ist schnell geschnitzt. Auch prima als Geschenk geeignet für liebe Leute oder als Symbol einer dicken Freundschaft.

Material und Werkzeug

Rindenstückchen
Lederband
Messer
Handbohrer

Herstellung der Herzform:

1. Wir suchen ein geeignetes Rindenstück und schneiden erst grob die Herzform zurecht (Vorsicht: Das Messer ist scharf!). Dann schnitzen wir die Vorder- und Rückseite glatt und eben, genauso die Seiten.

2. Das fertige Herz können wir dann auf verschiedene Weise weiterverarbeiten.

Verarbeitung zu Schmuckstücken:

Anhänger
Wir bohren vorsichtig mit einem kleinen Handbohrer ein Loch, durch das wir ein Lederband ziehen. Für ein besonders persönliches Geschenk gravieren wir noch Initialen auf die Vorderseite und benutzen es als Geschenkaufleger.

Armband
Das Herz für ein Armband muß dicker als der Anhänger sein, damit wir durch die Seite ein Loch bohren können. Dadurch ziehen wir wieder ein Lederband. Sollte das Herz beim Bohren brechen, schneiden wir die Führung für das Band mit dem Messer weiter und kleben die Teile wieder zusammen.

Tip
Ihr solltet nur Rindenstücke verwenden, die am Boden liegen. Keine Rinde vom Baum abschneiden, weil er sonst eingeht.

Schmuck aus Lederresten

Altersempfehlung: ab 6 Jahre

Ganz tollen selbstentworfenen Schmuck kann man auch aus alten Lederresten machen. Leder ist ein leicht zu verarbeitendes Material, das gut geklebt werden kann. Wieviel Gestaltungsmöglichkeiten in ihm schlummern, davon geben diese Bastelanregungen einen Eindruck!

Wenn wir uns für eine Figur entschieden haben, übertragen wir die Einzelteile von der Vorlage auf Seite 55 auf festes Papier und schneiden sie aus. Wir legen die Papierteile auf das Leder, zeichnen mit einem dünnen Filzstift den Umriß auf und schneiden auch die Lederteile aus.

Material und Werkzeug

Lederreste
Schere
Klebstoff
Pergament- oder Pauspapier
festes Papier
Bleistift
dünner Filzstift
Bürolocher
Sicherheitsnadel
1 Zahnstocher
Holzperlen
Schnur oder Hutgummi

Herz

Das große Herz schneiden wir zweimal aus, die kleineren einmal. Wir kleben das mittelgroße Herz auf ein großes und das kleine wiederum auf das mittelgroße.

Einen 5 cm langen und 1 cm breiten Lederstreifen falten wir zu einer Schlaufe, betupfen das untere Ende mit Kleber und drücken es auf die Rückseite des Herzens. Das zweite große Herz kleben wir dagegen.

Gesicht

Die Zunge und den Streifen für die Haare kleben wir unter den ersten Kreis, dann bestreichen wir den zweiten mit Kleber, klappen beide zusammen und drücken sie fest. Durch den Verbindungssteg ist eine Schlaufe als Aufhänger entstanden. Wir „setzen" die Brille auf, zwei Lederschnipsel als Nase, und schneiden die Haare ein.

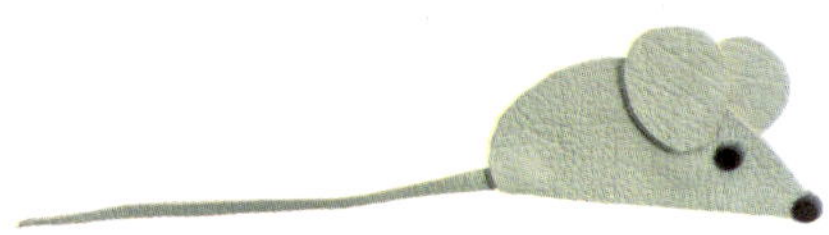

Maus

Ein Ohr und den Schwanz kleben wir hinter dem Körper fest, das andere Ohr obendrauf. Jetzt fehlen nur noch Auge und Nase. Dazu stanzen wir mit dem Bürolocher zwei Punkte aus und kleben sie an entsprechender Stelle auf.

Saurier und Drachen

1. Die Beine für den Dinosaurier kleben wir beide vorne, die für den Drachen jeweils vorn und hinten an den Rumpf. Die Zunge des Drachens und die Zacken für beide Tiere kleben wir hinten an.

2. Da es sehr mühselig ist, so kleine Kreise auszuschneiden, wie wir sie jeweils für die Augen der Tiere und für das Fell des Drachen benötigen, können wir die Punkte mit dem Bürolocher ausstanzen. Dazu müssen wir den Locher aber vorher entleeren.

3. Zum Anstecken schneiden wir ein quadratisches Lederstück zu, auf das bequem eine Sicherheitsnadel paßt. Das Lederstück kleben wir mit der Nadelöffnung nach oben auf die Rückseite der Figur.

Vogel

Den großen Kreis als Vogelrumpf kleben wir auf den Kreis mit dem Schwanzteil, den kleinen als Vogelkopf auf den großen. Den Zweig und die Blätter befestigen wir nun auf der Rückseite. Die Schwanzfedern schneiden wir in schmalen Keilen ein.

Tip

Sollte das Leder sehr dünn oder weich sein und sich leicht biegen lassen, kleben wir die gesamte Figur auf ein zusätzliches Lederstück und schneiden sie rundherum aus.

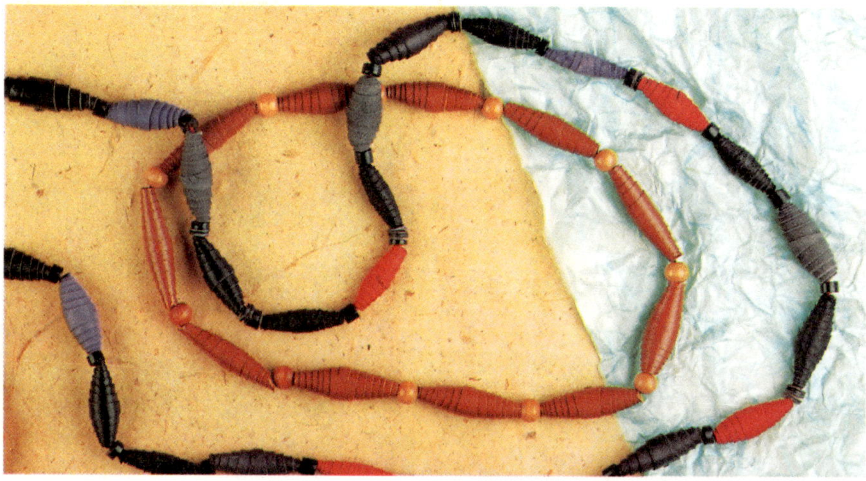

Kette

1. Für jede „Perle" benötigen wir ein spitzzulaufendes Lederstück von 3–4 cm Breite und 10–15 cm Länge.

2. Wir wickeln die breite Seite um einen Zahnstocher herum und rollen den Keil auf. Die Spitze betupfen wir mit Kleber und drücken sie fest an.

3. Abwechselnd mit je einer kleinen Holzperle ziehen wir die Perlen für eine lange Kette auf eine Schnur oder, für eine kurze Kette, auf einen Hutgummi, so daß wir auch diese bequem über den Kopf ziehen können.

Abpausvorlagen

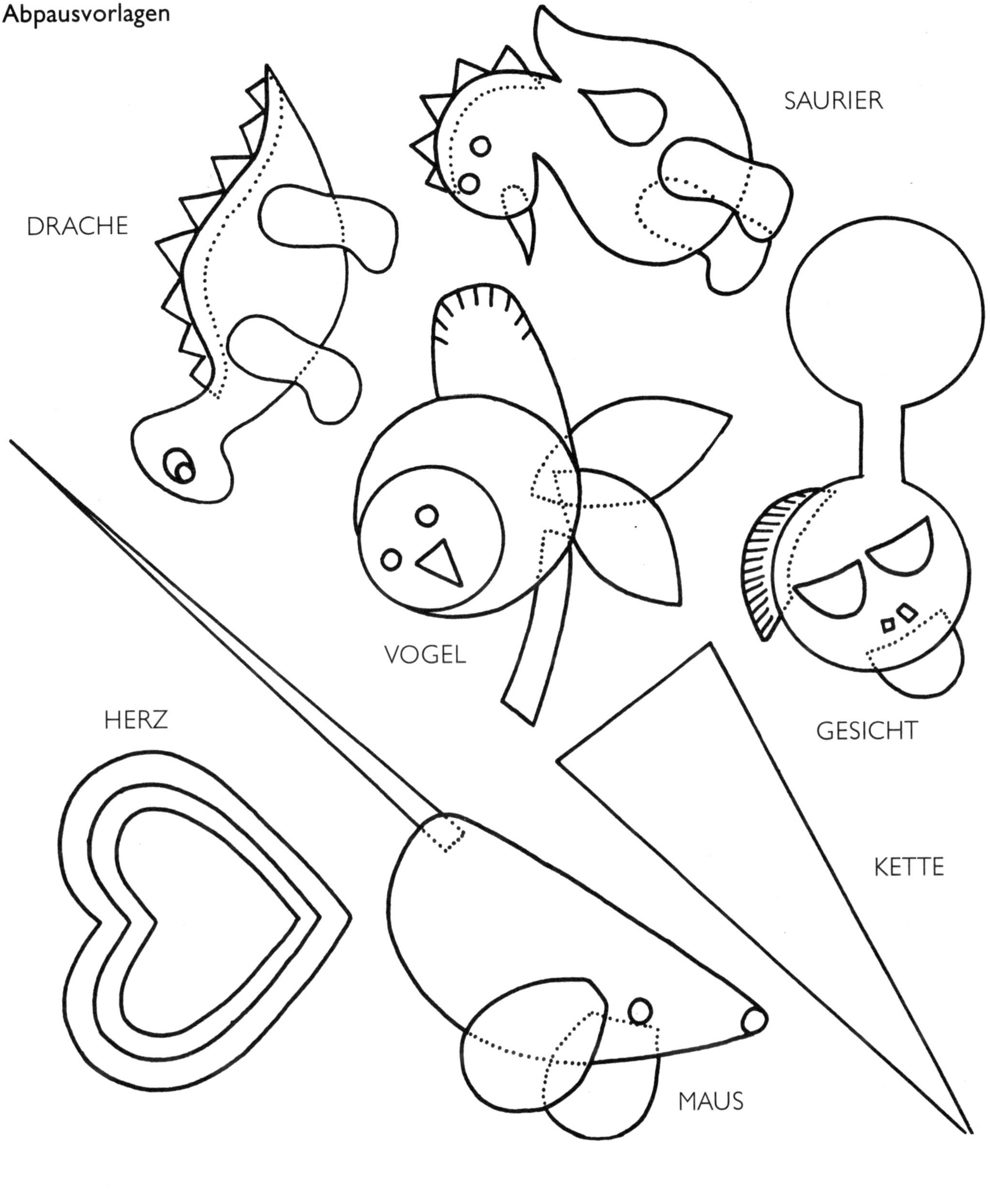

Kamille-Schlummerle

Altersempfehlung: ab 6 Jahre

Auf Anhieb zum Verlieben sind diese Kamille-Schlummerle, die sich in jedem Schlafzimmer als gute Geister bewähren. Unter das Kopfkissen gelegt oder irgendwo im Zimmer aufgehängt, verbreiten sie wochenlang ihren beruhigenden Duft nach Kamille oder Lavendel. Wenn das Aroma verflogen ist, kann die Füllung einfach erneuert werden. So verleihen die Schlummerle jedem Beschenkten dauerhaft süße Träume!
Ein originelles, leicht zu bastelndes Mitbringsel für groß und klein.

Material und Werkzeug

Baumwolltaschentuch
getrocknete Kamillen- und Lavendelblüten
reines ätherisches Duftöl (Duftnote Kamille und Lavendel)
Baumwollfaden
Schmuckband
getrocknetes rotes Rosenblütenblatt
Klebstoff
Eßlöffel
Schere

Tip
Wer ein Gute-Besserungs-Geschenk für kleine Schnupfnasen sucht, kann anstelle von Lavendelblütenöl auch 2–3 Tropfen Eukalyptus- und Fenchelöl verwenden. Dann sorgen die Schlummerle sogar für freien Atem.

Herstellen der Duftmischung

1. Für die Füllung eines Schlummerles mischen wir die getrockneten Kamille- und Lavendelblüten zu gleichen Teilen miteinander.

2. Zur Verstärkung des Duftes geben wir 1–2 Tropfen reines ätherisches Kamille- und Lavendelöl dazu.

Füllen und Verzieren

1. Von unserer vorbereiteten Duftmischung geben wir jetzt etwa 2–3 Eßlöffel in die Mitte eines Baumwolltaschentuchs.

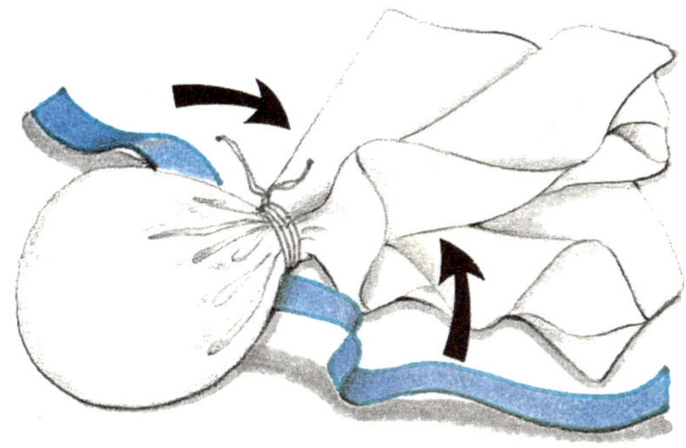

2. Das Tuch wird oberhalb der Mischung zusammengefaßt und mit Baumwollfaden verschnürt. Um die Bindestelle bringen wir eine schmückende Schleife an.

3. Der kugelige Kopf des Schlummerles braucht noch ein Gesicht: Für die beiden Augen zupfen wir die Blütenblätter von Kamilleblüten ab und kleben die gelben Mittelteile auf den runden Baumwollkopf. Für den Mund können wir ein getrocknetes Rosenblütenblatt abzupfen und das Blatt aufkleben.

Basteln mit Mondviolen

Altersempfehlung: ab 6 Jahre

Die silberglänzenden „Segel" der Mondviole, einer Zierpflanze, die auch Silberling genannt wird, sind beliebte Zutaten für einen Trockenblumenstrauß. Ebensogut eignen sie sich aber zum Basteln. Die reifen und gut getrockneten Fruchtblätter der Mondviole müssen nur von ihren Fruchthäuten und den Samen befreit werden, was ganz leicht zwischen zwei Fingern geht. Dann kann man mit ihnen schöne Wandbilder kleben – für das eigene Zimmer oder zum Verschenken.

Material und Werkzeug

Mondviolenblätter
Klebstoff
Pergament- oder Pauspapier
Bleistift
Schere
Tonkarton in Gelb und Schwarz
dünner brauner Karton

Für das Schmetterlingsmobile:
pro Schmetterling
1 Holzperle (Ø 1 cm)
Faden
1 Zweigstück

Fisch

1. Wir pausen die Vorlage des Fisches auf weißes Papier und legen Transparentpapier darüber. Mit dem Schwanzende beginnend, kleben wir (vorher mit der Schere halbierte) Mondviolenblätter schuppenförmig aneinander, bis hin zum Kopf. Den Kopf kleben wir aus ganzen Teilen. Wir ziehen die dunklen Ränder vorher teilweise ab, dann laufen nicht so viele Linien durch den Kopf.

2. Nun fehlen noch die Flossen, für die wir 4 längs halbierte Mondviolenblätter ankleben. Für das Auge benötigen wir einen kleinen schwarzen Kreis aus Karton. Das noch überstehende Transparentpapier schneiden wir vorsichtig weg.

Eule

1. Die Vorlage für die Eule übertragen wir auf braunen Karton und schneiden sie aus. Für das Federkleid benötigen wir quer halbierte Mondviolenblätter. Wir beginnen am unteren Rand der Eule und kleben sie schuppenförmig Reihe für Reihe auf, bis zum Hals.

2. Als Augen kleben wir zwei Mondviolen an, darauf zwei gelbe Kreise aus Karton und darauf die Pupillen aus kleinen schwarzen Kreisen.

3. Den Schnabel pausen wir von der Vorlage ab und übertragen ihn auf gelbes Tonpapier. Wir falten den Schnabel zusammen, kleben eine Seite auf und klappen die andere nach oben. Für die Ohren verwenden wir je ein quer halbiertes Mondviolenblatt und befestigen es auf der Rückseite des Kopfes so, daß sie zur Hälfte hervorschauen.

Schmetterlingsmobile

Wer die glänzenden Mondviolentiere lieber dreidimensional bewundern möchte, kann sich ja mal an dieses Schmetterlingsmobile wagen! Mit wenig Materialaufwand entstehen so die schönsten Frühlingsfalter. Und wenn sie freischwebend an einem beliebigen Ast befestigt werden, vermeint man bei einem Windstoß fast, ihren Flügelschlag zu sehen.

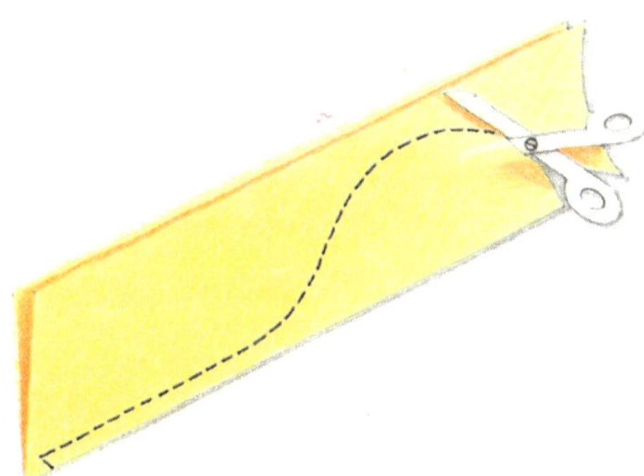

1. Wir falten einen Streifen dünnen Karton und übertragen darauf den Schmetterlingskörper von der Vorlage auf Seite 61, wobei die gestrichelte Linie auf der Falzkante liegt.

2. Den Körper schneiden wir aus, falten ihn auseinander und trennen den langen Steg in der Falzkante vorsichtig mit der Schere durch. So erhalten wir die Fühler.

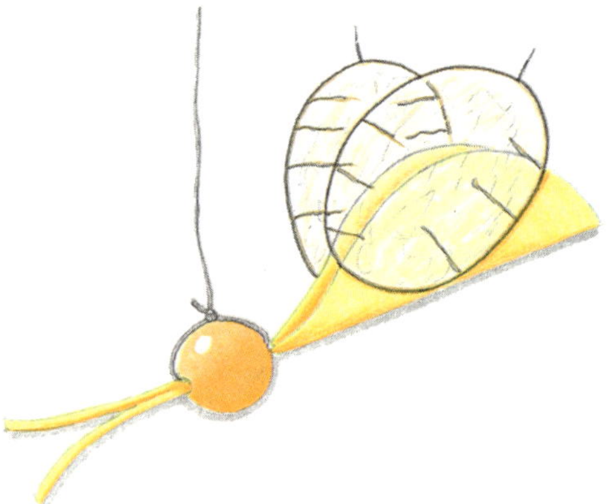

3. Durch das Loch in der Holzperle ziehen wir einen 30–40 cm langen Nähfaden und verknoten ihn an seinem Ende außen herum. Mit dem Knoten nach oben schieben wir die Perle über die beiden Fühler und kleben auf beide Seiten des Körpers je ein Mondviolenblatt.

4. In der Mitte des Zweigstückes befestigen wir einen Faden und hängen es in Arbeitshöhe auf. Daran verteilen wir die Schmetterlinge in unterschiedlicher Höhe.

Abpausvorlagen

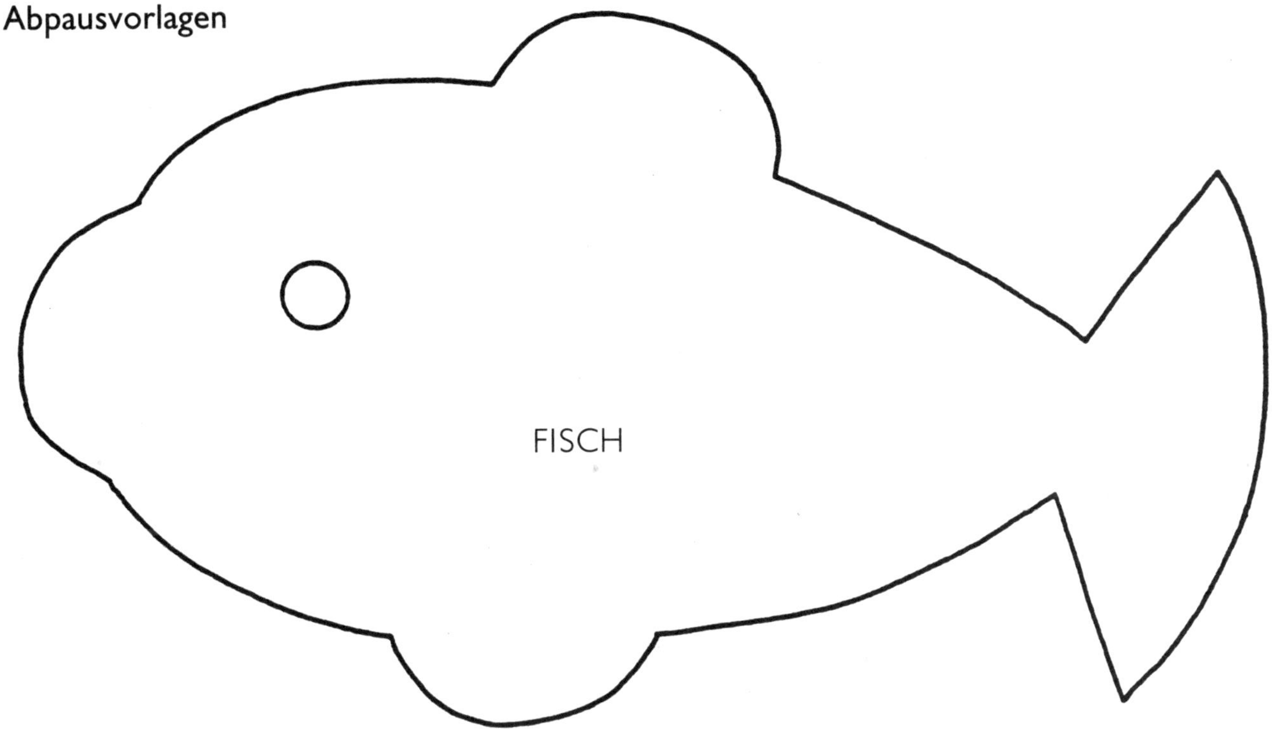

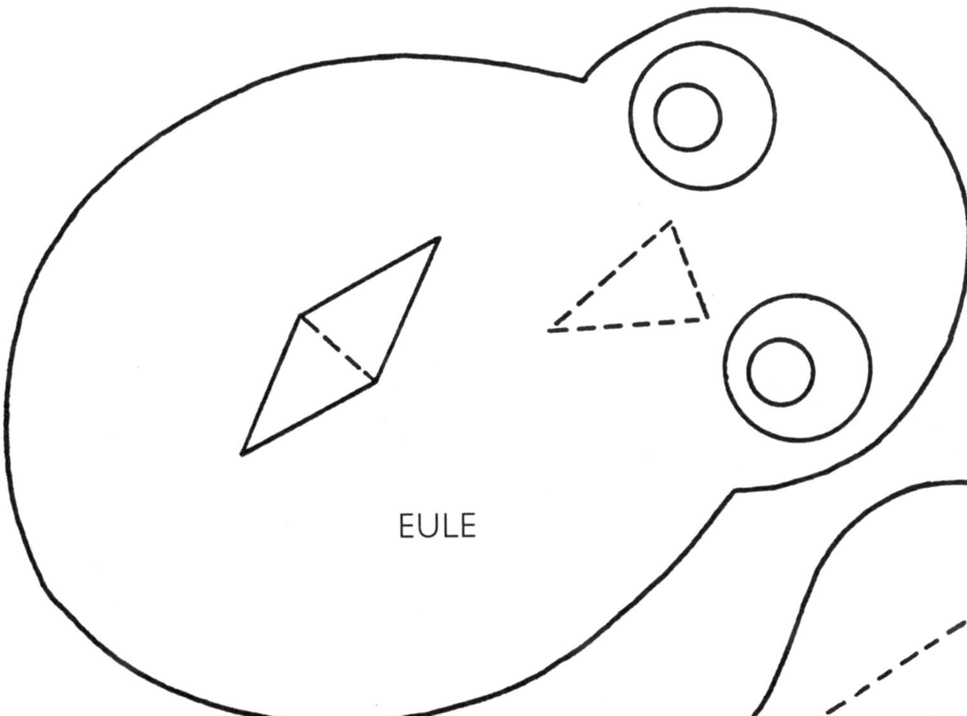

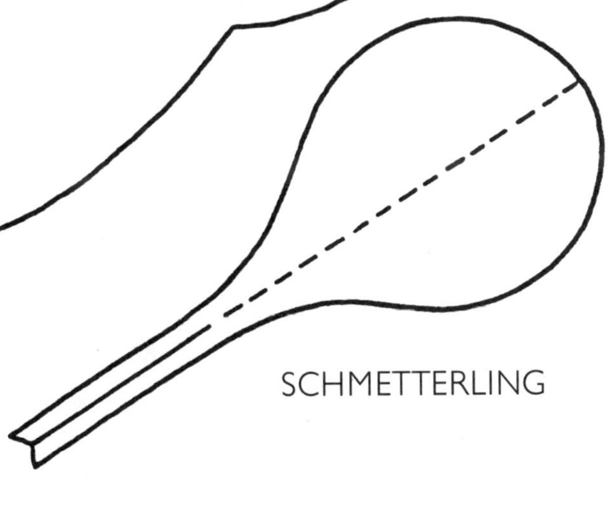

Sommersonne und Ferienspaß

Endlich sind die großen Sommerferien da! In diesen Wochen scheint die Sonne besonders hell und warm vom Himmel, und das Fernweh setzt allen zu. Wenn man jetzt auf Streifzug durch die Welt geht, kann man die schönsten Naturprodukte wie Muscheln, Federn oder Schneckengehäuse finden. Wer ans Meer reist und sich den Koffer voller „Strandgut" packt, kann daraus später zu Hause Mobiles, Schmuck oder bunte Blumen für das Fensterbrett basteln. Die sommerliche Sachensuche lohnt sich aber auch in der eigenen Umgebung: Schon die einfachsten Steine kann man nämlich in exotische Tiefseefische verwandeln, und kleine Piraten können mit einem selbstgebauten Spielfloß unerschrocken auf Raubzug gehen!

Kieselsteinfische, Anleitung auf Seite 70
Muschelschmuck, Anleitung auf Seite 68

Sonnenblumen

Altersempfehlung: ab 4 Jahre (mit Hilfe eines Erwachsenen)

So hell wie die Sommersonne am Himmel strahlt jede einzelne dieser dekorativen Sonnenblumen. Wenn jemand beim Zurechtsägen der Holzleiste hilft, gelingt das Nachbasteln auch schon ganz kleinen Bastlern mühelos. Zum Schluß kann man die Sonnenblumen genau wie echte Pflanzen in Blumentöpfe oder -kästen stecken und Balkon, Terrasse oder Zimmer damit schmücken.

Material und Werkzeug

- *Holzleisten (Breite ca. 2 cm)*
- *Lineal*
- *Holzsäge*
- *Plakafarbe, grün*
- *Pinsel*
- *Bleistift*
- *Tonkarton, grau*
- *Schere*
- *Holzleim*
- *Sonnenblumenkerne*
- *Tonpapier in Grün und Gelb*

1. Zunächst sägen wir aus den Leisten ca. 80 cm lange Stück zu und malen diese sorgfältig mit der grünen Farbe an.

2. Von der Vorlage auf Seite 66/67 pausen wir den Kreis zweimal auf grauen Tonkarton ab und schneiden beide aus. Wir bestreichen sie mit Leim und belegen sie mit Sonnenblumenkernen. Gut trocknen lassen!

3. Aus dem gelben Tonpapier schneiden wir viele Blütenblätter. Eine Vorlage hierzu befindet sich auf den Seiten 66/67. An der Blüte kleben wir nun ringsherum die Blütenblätter fest.

4. Danach kleben wir den Stiel (grüne Holzleiste) auf die Blüte und auf diese wiederum den Kreis mit den aufgeklebten Sonnenblumenkernen. Dabei müssen wir aber besonders vorsichtig sein, damit sich beim Zusammendrücken nicht allzu viele Sonnenblumenkerne vom Papier lösen.

5. Zum Schluß schneiden wir aus dem grünen Tonpapier noch Blätter für den Stiel der Sonnenblume. Auch hierbei hilft wieder die Zeichenvorlage. Die Blätter kleben wir an den Stiel.

Pausvorlagen umseitig

Abpausvorlage

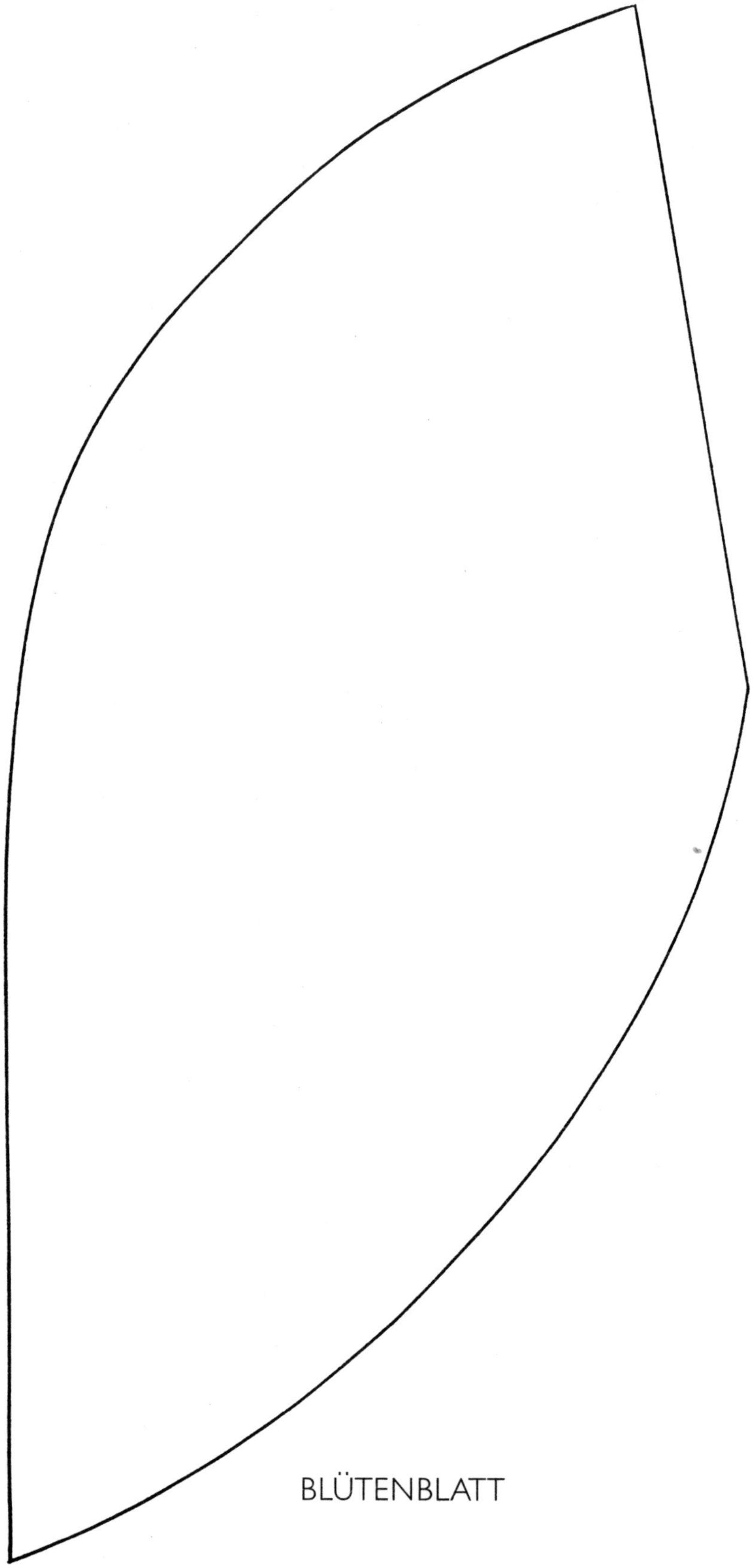

Abpausvorlage

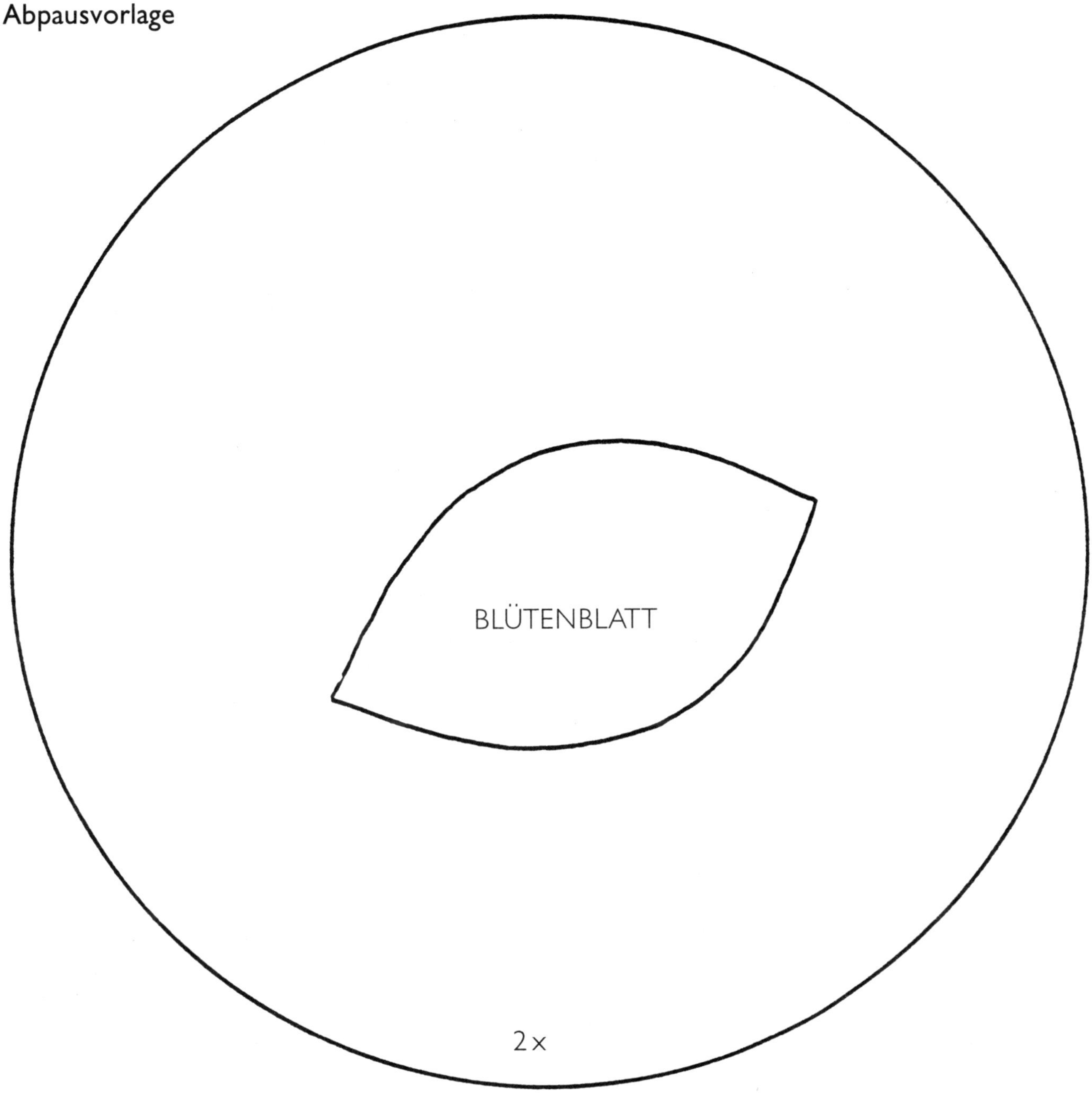

KREIS

Muschelschmuck

Altersempfehlung: ab 5 Jahre (mit Hilfe eines Erwachsenen)

Wen es im Sommerurlaub ans Meer führt, der wird ohne Zweifel gar nicht an all den hübschen Kleinigkeiten vorbeigehen können, die das Material zu dieser Bastelarbeit bilden. Ein Strand ist eine wahre Fundgrube für Sachensucher: Von jedem Spaziergang kann man mit Muscheln, Schneckengehäusen, Treibholzstückchen oder Federn zurückkommen. Aus solchen Objekten der Natur kann man dann anschließend die tollsten Kunstwerke zaubern – z. B. den hier abgebildeten Schmuck. Wer mitbastelt, kann sich auf diese Weise ein Stück Strandwelt mit nach Hause nehmen – oder er bringt es den Daheimgebliebenen als Überraschung mit!

Material und Werkzeug

Muscheln
Schneckengehäuse
Holzperlen
Federn
Treibholzstückchen
Flaschenkorken
Lederbänder
Bast
Ohrhaken
Kettenverschlüsse
Silberdraht
Bohrmaschine

Vorbereitungen:

Bevor wir Muscheln, Schneckengehäuse oder Holzstückchen zu Schmuck weiterverarbeiten können, müssen wir sie gut waschen, evtl. abbürsten und dann mit der Bohrmaschine vorsichtig durchlöchern. Am besten hilft bei diesem Arbeitsschritt ein Erwachsener. Wichtig dabei ist, daß die Löcher weit genug vom Rand entfernt angebracht werden, damit sich die Schmuckstücke nachher bequem auffädeln lassen. Wenn ihr Flaschenkorken verwenden wollt, schneidet sie in Scheibchen und verseht sie ebenfalls mit Löchern.

Muschelketten auf Lederbändern

1. Wir fädeln alle Muscheln, Schnecken, Hölzchen, Federn etc. auf ein Lederband. Die Reihenfolge legen wir dabei selbst fest. Besonders schön sieht es aus, wenn wir zwischendurch zusätzlich kleine Holzkugeln (erhältlich im Bastelgeschäft) mit einreihen.

2. Wer möchte, setzt Knoten zwischen die einzelnen Teile, um sie am Verrutschen zu hindern.

Bastkette

1. Für die Bastkette schneiden wir zunächst drei lange Bastbänder ab, verknoten sie an einem Ende miteinander und beginnen dann damit, sie zu einem schmalen Zopf zu flechten.

2. In diesen Zopf können wir einzelne Muscheln, Korkscheiben, Perlen oder Holzstückchen mit einflechten.

3. Das Ende der Kette wird wieder mit einem Knoten gesichert. Verschlüsse für die gebastelten Halsketten kann man überall in Bastelläden kaufen.

Ohrringe

1. Auch für die Ohrringe bohren wir ein Loch in eine ausgefallene Muschelschale oder ein besonders schönes Schneckengehäuse.

2. Anschließend formen wir ein kurzes Stück Silberdraht zu einer Öse und ziehen es durch das Loch. Damit wir den Ohrring tragen können, müssen wir zum Schluß noch einen gekauften Ohrhaken (Bastelgeschäft) in die Öse einfädeln.

Kieselsteinfische

Altersempfehlung: ab 5 Jahre

Egal, ob man die Sommerferien in der Ferne oder zu Hause verbringt: Runde Kieselsteine zum Bemalen kann man überall finden – am besten an Fluß- oder Seeufern. Besonders lustig ist es, wenn man die Steine so bemalt, daß sie wie Fische aussehen. Das ist ganz leicht, und man kann sich ganz viele Farben und Größen, Gesichtsformen, Schuppen- und Flossenarten ausdenken.

Material und Werkzeug

glatte Kieselsteine
Plakafarben
Klarlack
Borsten- und Haarpinsel
Bürste
weicher Bleistift

1. Bevor wir die Steine bemalen können, müssen wir sie wie im Falle der „Steintiere" auf Seite 14/15 zuerst gründlich mit einer harten Bürste und warmem Wasser reinigen. Dann werden die Steine mit weißer Farbe grundiert. Ein Borstenpinsel eignet sich gut zum flächigen Auftragen der Farbe.

2. Sobald die Farbe getrocknet ist, können wir das Fischmotiv mit einem weichen Bleistift auf dem Stein vorzeichnen. Am schönsten ist es, wenn wir dabei jeden Fisch anders gestalten.

3. Im nächsten Arbeitsgang werden die Linien mit Plakafarben und einem feinen Haarpinsel nachgezogen und die Flächen vorsichtig ausgemalt. Es können auch einzelne weiß grundierte Stellen freibleiben.

4. Zum Schluß überziehen wir die fertigen Kieselsteinfische mit Klarlack. Dadurch wird die Zeichnung wasser- und wischfest, und die Steine erhalten einen schönen Glanz. Gut trocknen lassen!

Tip

Die bemalten Kieselsteine kann man gut als Briefbeschwerer verwenden oder in Setzkästen legen. Eine besonders schöne Idee ist aber auch eine „Steinfischecke" im Badezimmer. Dafür braucht man natürlich einen ganzen Schwarm von Fischen. Den kann man mit ein paar Muscheln oder Gräsern im Badezimmer als Dekorationsobjekt aufbauen.

Muschelfische als Mobile

Altersempfehlung: ab 6 Jahre

Achtung, fliegende Fische! Dieses Mobile, das mit selbstgesammelten Muscheln und ein wenig Peddigrohr gebastelt wird, wird mit Sicherheit das Prachtstück in jedem Kinderzimmer. Seine Herstellung ist gar nicht so schwierig, nur ein bißchen Geduld muß man haben.
Am besten gelingt der schwebende Fischschwarm mit den klassischen Herzmuscheln, wie sie am Strand in großer Anzahl zu finden sind.

Material und Werkzeug

Transparentpapier in verschiedenen Farben
Herzmuscheln
2 Peddigrohrstücke, je 35 cm lang
Klebstoff
Zwirn
Schere
Filzstift

Herstellung der einzelnen Fische

1. Für den Fisch schneiden wir zunächst ein Quadrat aus Transparentpapier zu. Es muß etwa dreimal so groß sein wie die Muschel. Bei der Farbe des Papiers können wir abwechseln, dann wird der Fischschwarm nachher bunter und lustiger.

2. Aus den zwei Hälften einer Herzmuschel entsteht nun jeweils ein Fisch. Als erstes bestreichen wir den Rand der einen Schale dünn mit Klebstoff und fixieren sie auf dem Papier.

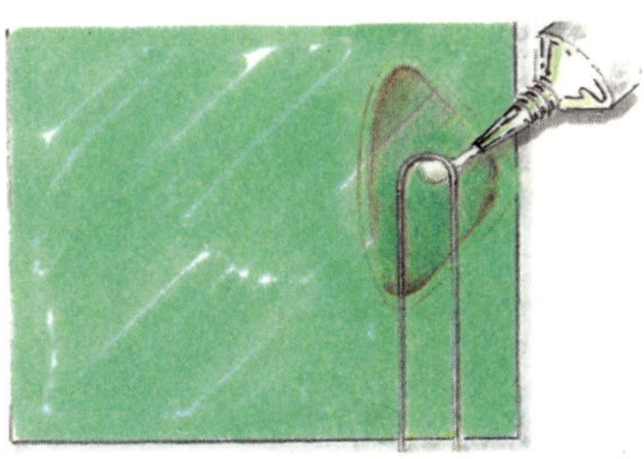

3. Nun nehmen wir einen 40–50 cm langen Zwirnsfaden doppelt und kleben ihn in Höhe der Muschel an die Rückseite des Transparentpapiers.

4. Die zweite Muschelhälfte wird direkt darüber ebenfalls auf die Rückseite des Papiers geklebt.

5. Anschließend werden die Schwanz-, Bauch- und Rückenflossen ausgeschnitten. Dazu schneiden wir das Papier anhand der eingezeichneten Linien zu. Die Flossen werden fransig eingeschnitten (gestrichelte Linien).

6. Zum Schluß wird auf jede Muschelhälfte ein Auge aufgemalt. Dabei müssen wir darauf achten, daß der eingeklebte Faden nach oben führt!

Herstellung des Mobiles

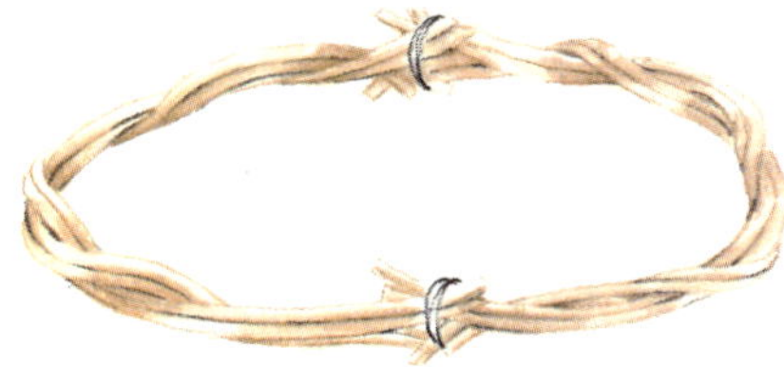

1. Wenn alle Fische vorbereitet sind, formen wir aus zwei je 35 cm langen Peddigrohrstücken einen Ring. Sein Durchmesser sollte etwa 20 cm betragen. Die Enden binden wir mit Zwirn fest.

2. Nun befestigen wir drei doppelt gelegte Fäden am Ring und hängen ihn auf. Danach können wir die Muschelfische ganz einfach mit ihren Fäden am Ring festknoten. Damit eine richtige Meeresatmosphäre entsteht, schneiden wir ganz zum Schluß viele Streifen blaues und grünes Transparentpapier zu und dekorieren damit den Rohrkranz.

Naturgewebe aus Gräsern

Altersempfehlung: ab 8 Jahre

Aus langen Gräsern, wie sie im Sommer am See stehen, aus Federn, ungesponnenen Wollfäden und ähnlichen Naturmaterialien läßt sich ein ganz besonderes Webbild herstellen: eines, in das unsere persönlichen Erinnerungen an lange Nachmittage im Freien mit eingearbeitet werden. Das Weben ist so einfach, daß sich auch schon Kinder, die gerade erst das Handarbeiten erlernen, daran beteiligen können. Und sogar den Webrahmen liefert die Natur höchstpersönlich!

Material und Werkzeug

möglichst gerade Äste
Schilfgras und ähnlich lange Gräser
ungesponnene Schafswolle
Gänse- und Hühnerfedern
Kordel
Schere

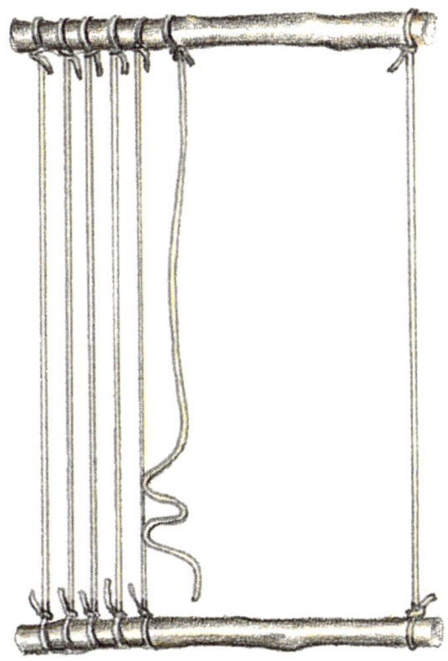

1. Zuerst schneiden wir 16 Kordelstücke mit einer Länge von jeweils 100 cm zu. Diese Kordelstücke knoten wir dann mit einem Abstand von etwa 3 cm zwischen zwei 60 cm lange Äste. Die Kordeln bilden die „Kettfäden" der Webarbeit.

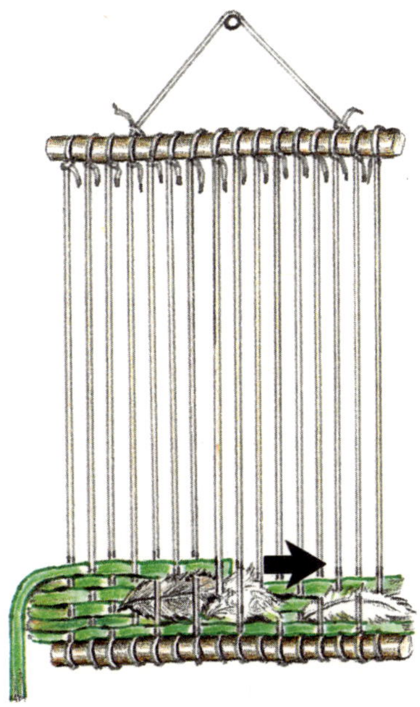

2. Für das Bild werden nun lange Schilfgräser abwechselnd über und unter den Kettfäden durchgeführt. Wichtig für das Gelingen ist, daß mit dem Weben unten begonnen wird.

3. Zwischen die Gräser können wir nach Lust und Laune einzelne Fäden ungesponnener Schafswolle oder auch Gänse- und Hühnerfedern einarbeiten. Schmale Grashalme zieht man dabei besser nicht einzeln, sondern gebündelt durch die Kettfäden.

4. Sobald die Webarbeit den obersten Ast erreicht hat, schneiden wir die am Rand überstehenden Gräser einfach mit einer Schere ab. Das fertige Webbild am besten an einer festen Kordel aufhängen.

Tip

Natürlich kann man in das Webbild auch Blumen mit einarbeiten. Sehr schön sehen z. B. Wandbehänge mit Getreideähren und getrockneten Korn- und Mohnblumen aus. Wer frische Blumen und Gräser verwendet, muß die einzelnen Schichten besonders dicht weben, weil die Pflanzen beim Trocknen noch schrumpfen.

Rindenschiffchen und Piratenfloß

Altersempfehlung: ab 8 Jahre

Wenn einen im Sommer das Fernweh packt, möchte man am liebsten sofort die Segel setzen! Kein Problem mit diesen zwei leicht nachzubastelnden Schiffchen, die so manche stürmische Seefahrt überstehen können.
Das Rindenschiffchen ist ein absoluter Klassiker, der zu allen Zeiten von Kindern gebastelt wurde. Wer's lieber etwas gefährlicher mag, kann sich mit einigen Weinkorken aber auch ein abenteuerliches Piratenfloß bauen und damit den anderen Seglern Konkurrenz machen.

Material und Werkzeug

Für das Rindenschiffchen:
Rinde
dünne Äste
Papier oder große Blätter
Taschenmesser

Für das Piratenfloß:
15 Weinkorken
1 Schaschlikspieß aus Holz
Tonpapier in Schwarz
und Rot
weißer Buntstift
Schere
Klebstoff
Pergament- oder Pauspapier

Rindenschiffchen

Die Rinde für unser Schiffchen können wir leicht überall im Wald oder am Wegesrand finden. (Aber bitte nicht vom Baum schneiden, sonst geht er ein!) Besonders geeignet ist Kiefernrinde, da sie sich am besten zuschnitzen läßt. Mit ein paar selbstgemachten Segeln heißt es dann schnell: „Leinen los!"

1. Mit dem Taschenmesser schneiden wir den Schiffsrumpf zu: Ein längliches Stück Rinde wird vorn spitz zugeschnitten. Übrigens: Etwas breitere Schiffe schwimmen besser als schmale.

2. Wir suchen uns zwei dünne Äste und kürzen sie auf die nötige Mastlänge.

3. Wir bohren mit dem Taschenmesser zwei Löcher in den Schiffsrumpf und stecken die Maste hinein.

4. Toll sind Segel aus großen Blättern, in die wir vorsichtig oben und unten ein Loch für den Mast stechen. Wir können uns aber auch Segel aus Papier zuschneiden (Maße etwa 10 x 15 cm). Dann bohren wir oben und unten jeweils ein Loch in unsere Segel und stekken sie auf die Maste.

Piratenfloß

Unter schwarzem Segel schippert dieses Piratenfloß, für das man nur ein paar alte Weinkorken sammeln muß. Der Totenkopf zeigt allen anderen schon von weitem: Vor diesem Schiff muß man sich in acht nehmen!

1. Wir kleben die 15 Korken in drei Reihen zusammen. Das Viereck lassen wir mehrere Stunden, am besten jedoch über Nacht, trocknen.

2. Wir schneiden aus schwarzem Papier ein etwa 10 x 14 cm großes Quadrat als Segel zu. Von der Vorlage unten pausen wir den Totenkopf ab und malen ihn mit einem weißen Bleistift auf das Segel.

3. Wir bohren mit der Schere in die obere und untere Mitte des Segels kleine Löcher, durch die wir den Schaschlikspieß als Mast stecken.

4. Aus rotem Tonpapier schneiden wir ein kleines Fähnchen aus und kleben es oben um den Mast.

5. Zum Schluß stecken wir den Schaschlikspieß mit der Spitze in die Mitte unseres Floßes.

Abpausvorlage

Landschaft in der Schale

Altersempfehlung: ab 8 Jahre

Wer eine ausrangierte Schale oder ein hübsches Körbchen ergattern kann, der kann sich daraus seine Lieblings-Ferienlandschaft selbst basteln – und zwar in Miniaturausgabe! Dafür braucht es nur ein bißchen Phantasie und einige Materialien, die die Natur in Hülle und Fülle anbietet. Begeistern euch zum Beispiel die hohen Leuchttürme am Strand? Dann baut euch doch selbst einen!

Material und Werkzeug

✂ *flache Schale aus Ton, Email oder Holz oder ein Körbchen*
Sand, feiner Kies oder Katzenstreu
Rindenstücke
getrocknete Gräser
Tannenzapfen
Moos oder Isländisch Moos
Steinchen usw.

✂ *Leuchtturm:*
2 Flaschenkorken
1 Korkscheibe (Durchmesser ca. 3 cm)
Klebstoff
Farbe
Pinsel
1 flache Perle
1 Steck- oder Pinnwandnadel mit Glaskopf

1. Wir füllen die Schale bis 3 cm unter den Rand mit feinem Kies, Sand oder Katzenstreu. Nun breiten wir unsere Zutaten aus und beginnen, eine Landschaft aufzubauen. Wir setzen da einen Zapfen als Tanne hin, dort getrocknete Gräser als Bäume, Moos oder Isländisch Moos als Gebüsch. Wir brechen Rindenstückchen klein und legen sie zusammen mit Steinchen als Hügel an. Vielleicht haben wir auch ein Schneckengehäuse, einige Muscheln, oder wir finden bei unserem Spielzeug ein Holzhäuschen.

2. Wer mag, kann sich selber einen Leuchtturm bauen. Dafür kleben wir einen möglichst langen Flaschenkorken auf eine Korkscheibe von ca. 3 cm Durchmesser. Wir schneiden von einem anderen Flaschenkorken eine Scheibe ab und stecken sie auf eine Nadel mit Glaskopf. Auf den langen Korken legen wir eine flache Holz- oder Glasperle und stecken darauf dann die Korkscheibe.

3. Jetzt bemalen wir den Leuchtturm mit roten und weißen Streifen und geben ihm ein schwarzes Dach. Wir lassen die Farbe trocknen und stellen den Turm in die Landschaft.

Muschelblumen

Altersempfehlung: ab 8 Jahre

Wie viele verschiedene Objekte man aus dem einen Naturmaterial „Muschel" zaubern kann, zeigt auch diese schöne Bastelanregung! Die Muschelblumen – ein toller Tip für geübtere Bastler – sind ein Blickfang für Fensterbank und Terrasse und müssen garantiert nicht gegossen werden!

Material und Werkzeug

verschiedene Muscheln und Schneckengehäuse
Holzstäbe
Plakafarben
Klarlack
Pinsel
Kieselsteine
Blumenerde
Blumentöpfe
Laubsäge
Heißkleber

Blumen

1. Wir überlegen zunächst, welche Blumen wir nachbilden wollen, und wählen danach die passenden Muschelformen aus. Anschließend können wir uns die dazu passenden Teile wie Holzstäbe und Blumentöpfe besorgen. Die Muscheln und Schneckengehäuse müssen vor dem Bemalen natürlich noch gründlich mit Wasser und Bürste gereinigt werden!

2. Die Teile für die Blüten bemalen wir mit roter, gelber oder blauer Plakafarbe. Die Formen für die Blätter werden grün eingefärbt.

3. Für die Blumenstiele müssen wir mit der Laubsäge passende Holzstäbe zurechtsägen. Auch die werden dann mit grüner Farbe bemalt.

4. Um die Farben zu fixieren, müssen wir nach dem Trocknen alle Teile mit Klarlack bestreichen. Danach sollten sie wieder mindestens 5 Stunden trocknen.

5. Verbunden werden schließlich alle Teile mit Heißkleber. Und wenn wir dann noch einen Blumentopf mit Kieselsteinen füllen und den Stab mit der Blüte hineinstecken, sieht die fertige Blume täuschend echt aus!

Kakteen

1. Wir suchen uns Muscheln oder Schneckengehäuse mit spitz zulaufenden Formen, reinigen sie und bemalen sie mit grüner Plakafarbe.

2. Auch hier werden die Teile nach dem Trocknen mit Klarlack überzogen.

3. Die Kakteen setzen wir in kleinere, mit Erde gefüllte Blumentöpfe, dann wirken sie besonders überzeugend.

Erntezeit

Wenn es auf den Herbst zugeht, wird die Ernte eingefahren. Das Obst sieht jetzt so richtig schön aus, und ein Gang über den Markt macht doppelt soviel Spaß. Wer sich von den bunten Ständen gar nicht trennen kann, baut sich mit selbstgesammelten Zweigen zu Hause einen kleinen Marktstand nach. Aber auch aus dem gekauften Obst und Gemüse selbst kann man lustige Wesen basteln: z. B. Birnenigel oder Mandarinentiere oder die guten, alten Zwetschgenmännchen, die von jeher groß und klein begeistern.

Wer's gemütlich mag, schnitzt sich in den immer kürzer werdenden Herbsttagen noch eine dem amerikanischen Vorbild nachempfundene Kürbislaterne – und dann kann Erntedank gefeiert werden!

Kürbislaterne, Anleitung auf Seite 102
Mandarinentiere, Anleitung auf Seite 88

Marktstand

Altersempfehlung: ab 6 Jahre

Ideal für kleine Marktschreier ist dieser Miniatur-Obst- und Gemüsestand zum Spielen! Seine Herstellung erfordert zwar etwas Geduld und Tüftellust, ist aber nicht weiter schwierig. Zu zweit macht das Basteln übrigens doppelt soviel Spaß, und vielleicht finden sich ja dann auch noch ein paar Püppchen oder Eltern und Geschwister, mit denen man „Kunde" und „Verkäufer" spielen kann?

Material und Werkzeug

möglichst gerade, trockene Zweige (Ø ca. 3–5 mm)
alte Schere
Stecknadeln
Holzleim
Styroporplatte (ca. 20 x 30 cm)
Pergament- oder Pauspapier

Korb:
1 Korken (Ø ca. 3 cm, Höhe ca. 1 cm)

Schirm:
dünner Karton
naturfarbene Strohhalme
1 großer flacher Korken
1 Schaschlikspieß aus Holz

Stand

1. Wir benötigen 8–10 gerade Zweigstücke, die wir mit einer alten Schere auf etwa 18 cm Länge schneiden oder abbrechen, und zwei Stücke von etwa 8 cm.

2. Die kurzen Stücke legen wir in einem Abstand von 14 cm auf die Styroporplatte. Damit uns die Zweige nicht wegrollen, befestigen wir sie darauf mit Stecknadeln.

3. Jetzt bestreichen wir sie mit Holzleim und legen die langen Zweige in gleichmäßigen Abständen darauf, so daß ein Rost entsteht. Wir lassen alles gut trocknen. Danach nehmen wir den Rost vorsichtig von der Platte ab, bezeichnen aber zuvor die Stellen, wo er befestigt war.

4. In der Zwischenzeit schneiden wir vier „Zweiggabeln" zurecht, also Zweigstücke in Form eines „Y". Zwei davon sollten von der Gabelung bis zum Fuß 2,5 cm messen, die anderen beiden je 1,5 cm.

5. Die Astgabeln stecken wir 1 cm tief in die Styroporplatte, und zwar an den vorher bezeichneten Stellen. Die langen Gabeln stecken wir hinten ein, die kurzen vorn. Nun legen wir den Rost so darauf, daß die kurzen Queräste genau in den Astgabeln liegen.

6. Um einen zusätzlichen Halt zu bekommen, können wir um die Beine des Standes noch vier Zweigstücke leimen.

Obststeigen

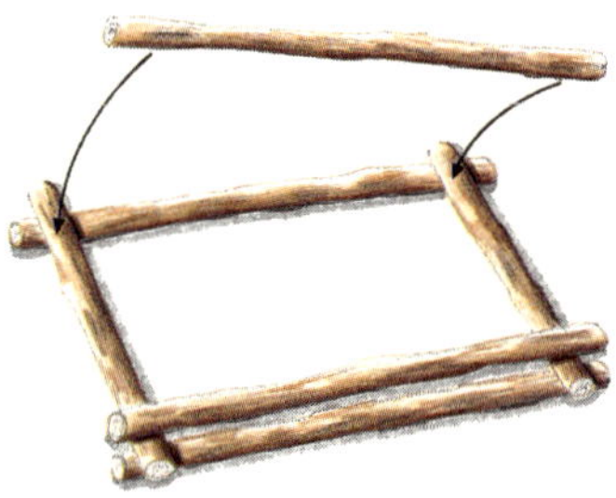

1. Pro Steige verwenden wir 6 Zweigstücke à 7 cm und 6 à 5 cm. Wir legen zwei lange Stücke in einem Abstand von 4,5 cm nebeneinander, betupfen die Enden mit Leim und legen zwei kurze Stücke zu einem Rechteck darauf. Das wiederholen wir, bis alle Stücke verbraucht sind.

2. Für den Boden benötigen wir eine Reihe gleich langer Zweige. Wir schneiden sie zurecht, kleben sie entweder längs oder quer auf das vorhandene Rechteck und lassen die Stiege trocknen.

Korb

Wir schneiden oder knicken etwa 2 cm lange Zweigstücke ab und kleben sie längs um einen Korken von etwa 3 cm Durchmesser. Dabei sollen die Zweige an der schmalen Seite des Korkens abschließen. An der breiten Seite ergibt sich dann eine Öffnung, in die wir unsere Ware einfüllen können.

Sonnenschirm

1. Für den Schirm schneiden wir nach der Schablone auf Seite 86 die Grundform aus Karton zu, falten sie an den gestrichelten Linien und kleben sie an den markierten Kanten aneinander.

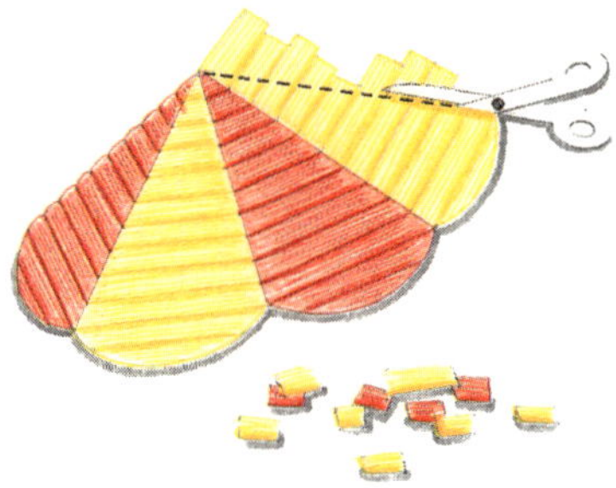

2. Die einzelnen Flächen bekleben wir mit plattgedrückten Strohhalmen. Da wir den Pappschirm an den gefalteten Stellen knicken können, dürfen die Halmstücke überstehen. Wenn sie gut kleben, begradigen wir die Ränder.

3. Um den Schaft zu befestigen, legen wir den Schirm mit der Öffnung nach oben auf ein Gefäß, tupfen Leim in die Spitze und stellen den Schaschlikspieß hinein, den wir mit zwei Hölzchen abstützen. Den fertigen Schirm stecken wir in eine Korkscheibe.

4. Nun können wir unseren Marktstand bestücken, indem wir die Stiegen mit Hülsenfrüchten, gesammelten Baum- oder Strauchfrüchten, Beeren oder kleinen Blättern füllen. Aus einem Stoffsäckchen mit Körnern können wir „Kartoffeln" verkaufen und in einem kleinen Wassergefäß frische Blumen anbieten.

Abpausvorlage

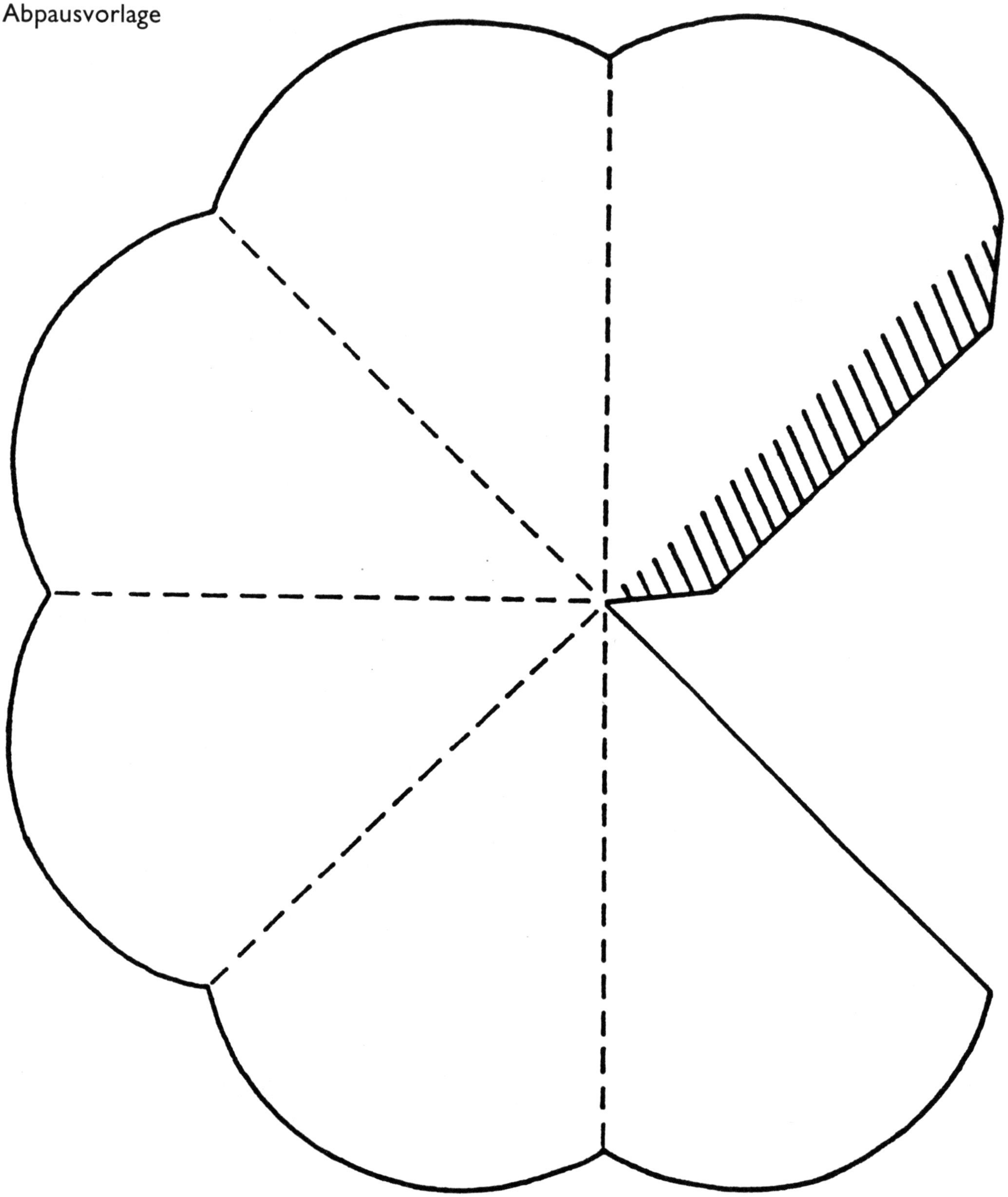

SONNENSCHIRM

Lustige Tiere aus Obst und Gemüse

Altersempfehlung: ab 5 Jahre (mit Hilfe eines Erwachsenen)

Wer auf dem Markt eingekauft hat, kann sich dann gleich an diese lustigen Basteleien mit Obst und Gemüse machen! Die Rettichratte ist besonders raffiniert und erfordert etwas Geschicklichkeit. Bei den Schneidearbeiten sollte zudem ein Erwachsener helfen. Am Birnenigel und dem Tausendfüßler können auch schon die Kleinen mitbasteln.

Material und Werkzeug

Rettichratte:
1 großer Rettich
große Kohlblätter
Radieschen
Oliven mit Tomatenfüllung
Küchenmesser
Zahnstocher

Birnenigel:
½ Birne (Zitronensaft)
Mandelstifte
2 Rosinen
1 kandierte Kirsche

Tausendfüßler:
½ Banane
3 Haselnüsse
Rosinen

Rettichratte

1. Wir waschen einen großen Rettich und trocknen ihn ab. Die Blätter, die den Rattenschwanz darstellen, und die Wurzeln, die die Barthaare der Ratte bilden, werden größtenteils entfernt.

2. Die vordere Spitze des Rettichs schneiden wir ab und befestigen stattdessen ein großes Radieschen mit einem Zahnstocher daran. Weitere Zahnstocher können als Barthaare eingesteckt werden.

3. Für die beiden Ohren werden zwei große Kerben in den Rettich geschnitzt. In die Öffnungen stekken wir Kohlblätter.

4. Zum Schluß wird für die Augen eine gefüllte Olive in Scheiben geschnitten. Je eine Scheibe befestigen wir mit einem Zahnstocher an dem Rettich, und als Augenbraue für die kleine Ratte dient ein Stück Radieschen.

Birnenigel

Wir können die Birne schälen oder ungeschält lassen. Geschält müssen wir sie allerdings gut mit Zitronensaft beträufeln, da sie sonst braun wird.
Wir halbieren die Birne und schneiden ein Stück von der Spitze weg. In den dicken Teil stecken wir als Stacheln die Mandelstifte. Rosinen verwenden wir für die Augen und eine kandierte Kirsche als Nase.

Tausendfüßler

Wir haben die Banane der Länge nach durchgeschnitten und geben ihr ein Gesicht aus drei Nüssen. Auf beide Seiten legen wir je eine Reihe Rosinen als Füße.

Mandarinentiere

Altersempfehlung: ab 5 Jahre

Die Mandarinen-Zeit ist wieder da! Die kleinen, orangeartigen Zitrusfrüchte schmecken nicht nur gut, sie lassen sich auch hervorragend in Bastelarbeiten mit einbeziehen. Mit wenig Aufwand können wir z. B. im Nu witzige Figuren aus ihnen machen. Das wird vor allem die kleineren Bastelkünstler begeistern. Aber Vorsicht: Paßt auf, daß euch euer Obst zum Schluß nicht davonläuft!

Material und Werkzeug

3 Mandarinen
hellgrüner und gelber Tonkarton
Pergament- oder Pauspapier
Bleistift
Schere
viele Gewürznelken
Milchdosenöffner
Deckweiß
Pinsel
Filzstifte
1 Holzperle
Klebstoff
gelbes Kreppapier
1 Stecknadel

Abpausvorlage

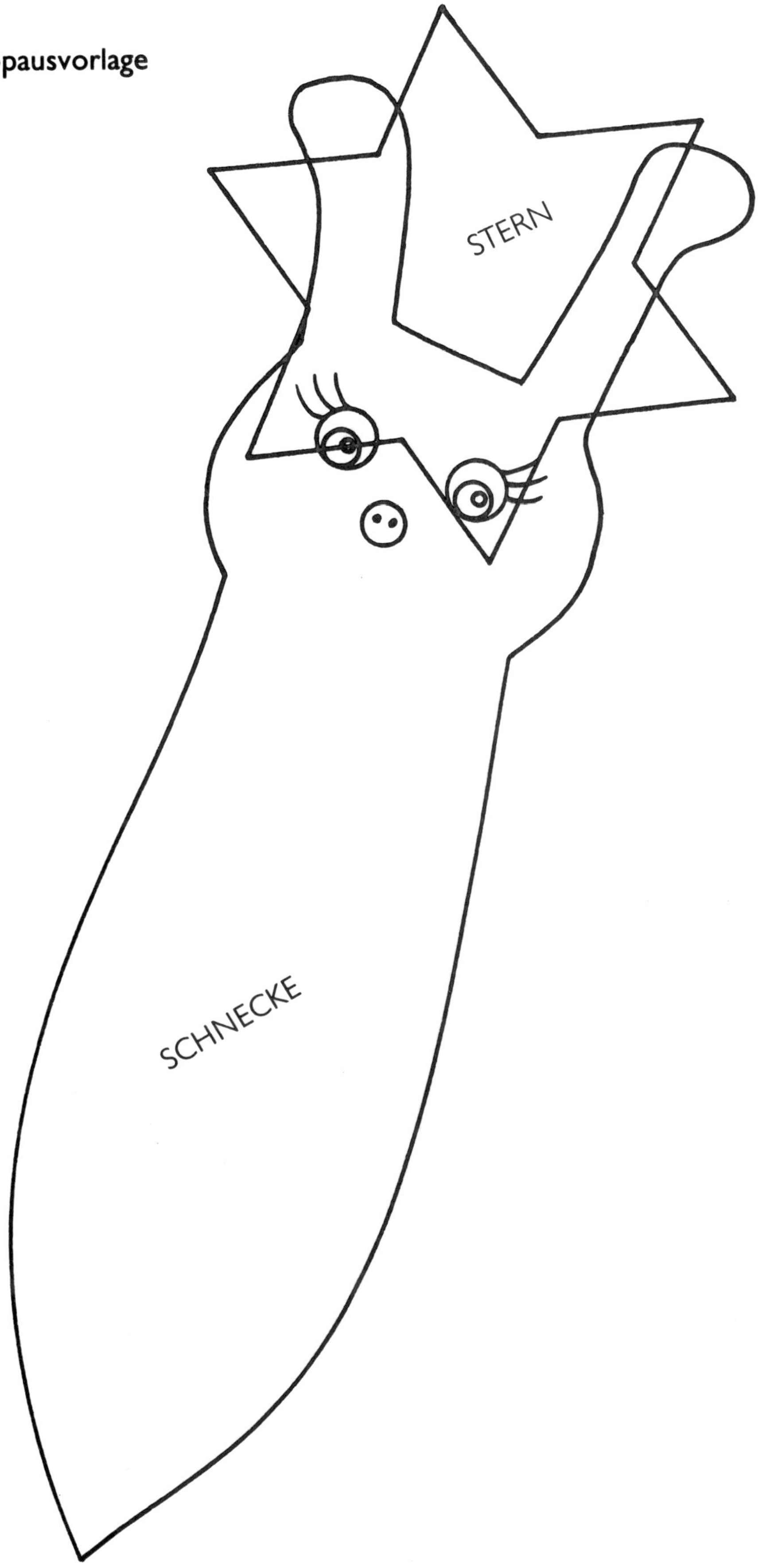

Mandarinenschnecke

1. Für den Körper der Schnecke pausen wir die Vorlage auf grünen Tonkarton ab und schneiden die Form aus.

2. Den Kopf der Schnecke biegen wir wie im Foto leicht nach hinten und malen mit Deckweiß und Filzstiften das Gesicht auf.

3. Zum Schluß können wir dann das „Schneckenhaus", die Mandarine, auf den Tonkarton aufkleben.

Sternchen

1. Zuerst übertragen wir die Vorlage für den Stern auf gelben Tonkarton, schneiden ihn aus und kleben ihn dann oben auf eine Mandarine.

2. Dann malen wir mit Deckweiß und Filzstiften die Augen mitten auf die Schale. Für die Nase wird eine kleine Holzperle angeklebt, und ganz zum Schluß stecken wir unserem „Sternchen" mit einer Nadel eine Schleife aus gelbem Kreppapier an.

Gewürznelkenigel

1. Um den Igel wie auf dem Foto mit den Gewürznelken zu spicken, stechen wir die Löcher für die „Stacheln" zunächst mit einem Milchdosenöffner vor.

2. Anschließend können wir die Gewürznelken ganz leicht in die Mandarinenschale stecken. Auch die Nase und die Augen werden aus Gewürznelken gemacht.

Fensterbilder aus Blüten

Altersempfehlung: ab 5 Jahre

Einen welken Blumenstrauß sollte man nicht einfach so wegwerfen – aus den getrockneten Blütenblättern lassen sich nämlich wunderschöne Fensterbilder basteln. Der Fisch und das Blumenmotiv sind nur zwei Ideen – im Prinzip können wir mit den farbigen Blütenblättern „malen" wie mit anderen Farben auch. Der Phantasie sind also keine Grenzen gesetzt!

Material und Werkzeug

getrocknete Blütenblätter in verschiedenen Farben
Transparentpapier
flüssiger Kleber
dünner farbiger Karton
Bleistift
Schere
Pergament- oder Pauspapier
Papier
Klebestreifen
Faden

Fisch

1. Wir übertragen den Fisch von der Vorlage auf Seite 92 auf farbigen Karton, schneiden ihn aus und zeichnen die innere Form des Fisches auf Transparentpapier.

2. Wir bestreichen nun einen 1–2 cm breiten Streifen der aufgezeichneten Fläche deckend mit Klebstoff. Wir bröseln mit den Fingerspitzen getrocknete Blütenblätter einer Farbe darauf, so daß die gesamte Klebefläche bedeckt ist. Dann drücken wir die Blütenblätter mit dem Finger vorsichtig an und schütteln die losen Brösel über einem Blatt Papier ab.

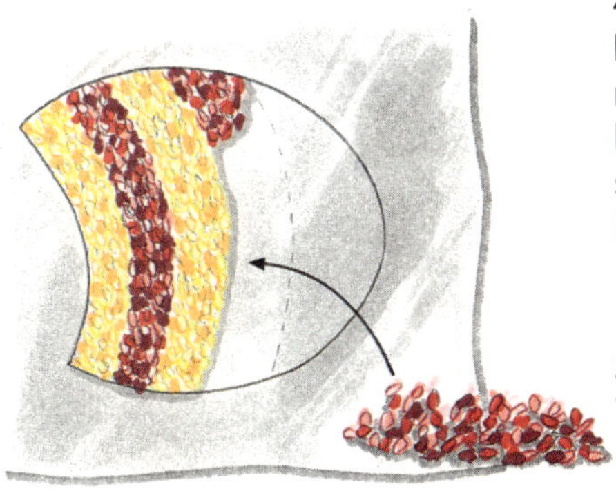

3. Wir streichen den nächsten Streifen mit Klebstoff ein und wiederholen dasselbe mit einer anderen Farbe Blütenblätter. Das machen wir so oft, bis die ganze Fläche bedeckt ist.

4. Die Rückseite des Fisches betupfen wir rund um die Öffnung mit Kleber, legen ihn auf das bestreute Transparentpapier und schneiden den überstehenden Rand rundherum ab.

5. Als Auge können wir eine getrocknete Blume ankleben, oder wir können auch einfach eins aufmalen. An der markierten Stelle ziehen wir einen Faden als Aufhänger durch.

Blumenmotiv

1. Das Blumenmotiv übertragen wir von der Vorlage auf Seite 93 auf weißes Papier und heften mit Klebestreifen einen Bogen helles Transparentpapier darauf.

2. Wir bestreichen nach und nach die einzelnen Flächen der Zeichnung mit Klebstoff und bröseln, wie schon beim Fisch beschrieben, die verschiedenen Blütenfarben darauf, bis die Zeichnung und der Hintergrund bedeckt sind.

3. Nun schneiden wir noch den Rahmen aus farbigem Karton zu, kleben ihn auf und schneiden den überstehenden Rand mit der Schere ab. In der oberen Mitte ziehen wir einen Faden durch.

Abpausvorlage

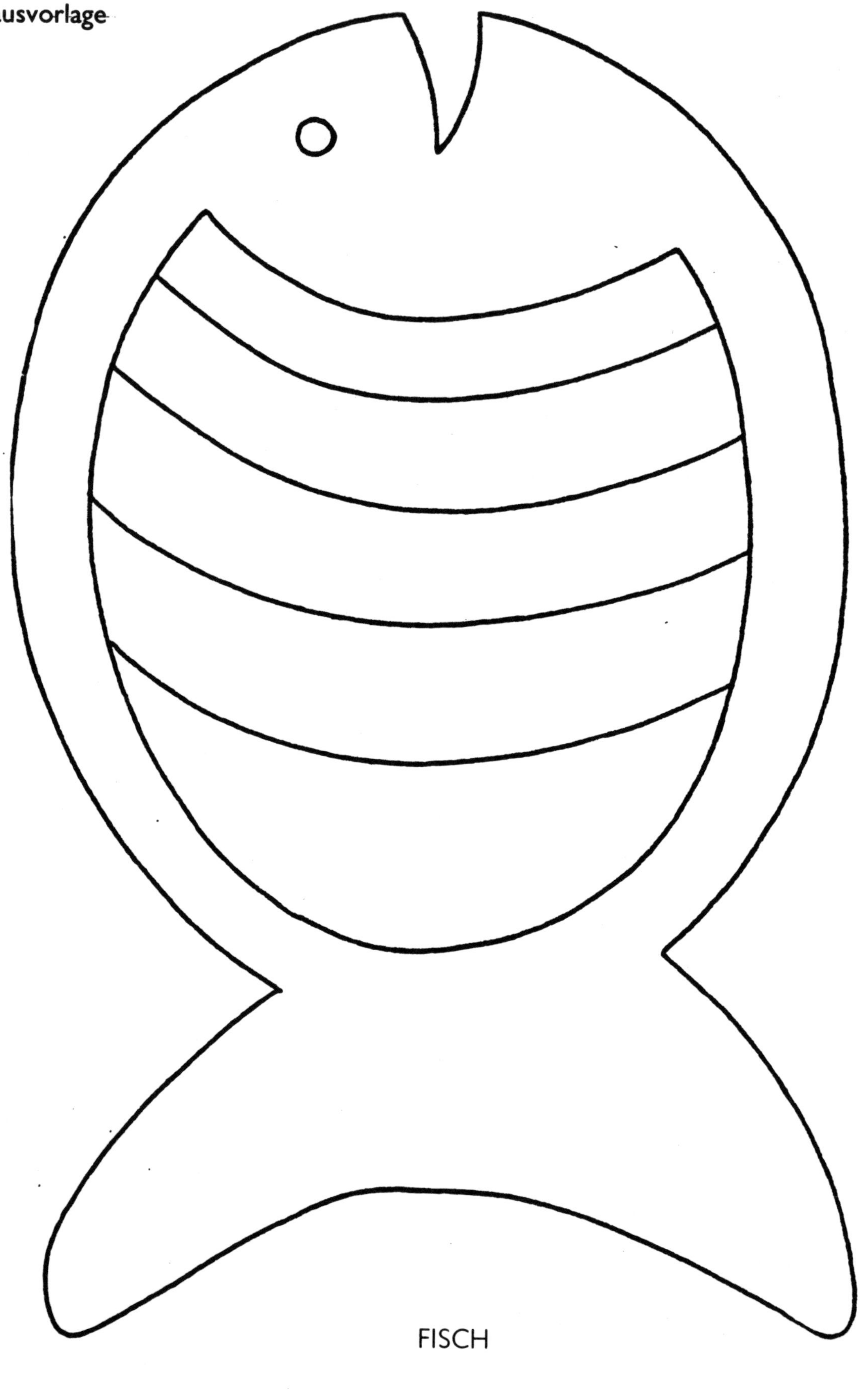

FISCH

Abpausvorlage

BLUMEN

Blätterkarten

Altersempfehlung: ab 6 Jahre

Diese Karten mit den Blättermustern eignen sich besonders gut als Einladung zum Erntedankfest oder zu einem anderen Fest im Herbst, sie können aber auch gut als Grußkarten verwendet werden. Die Rubbeltechnik ist kinderleicht und äußerst wirkungsvoll.
Also: „Ab die Post!"

Material und Werkzeug

Blätter verschiedener Pflanzen
weißes oder farbiges Schreibpapier (DIN A 4)
Wachsstifte
Tonpapierbogen
Schere
Klebstoff
Lineal
Bleistift

1. Wir sammeln möglichst verschiedenartige Blätter, die nicht größer als eine Postkarte sein sollen.

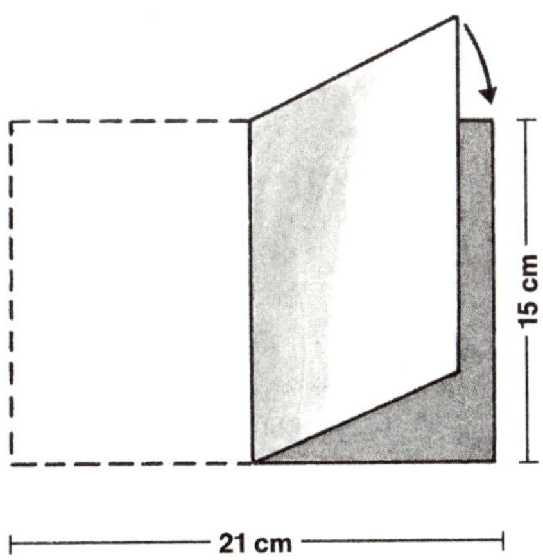

2. Dann bereiten wir die Karten vor: Mit Hilfe des Lineals zeichnen wir auf Tonpapier DIN-A-5-große Rechtecke (21 x 15 cm) auf.

3. Wir schneiden die Rechtecke aus und falten sie so zusammen, daß eine Klappkarte entsteht.

4. Nun legen wir ein Blatt mit den Blattadern nach oben auf den Tisch. Das weiße oder farbige Schreibpapier legen wir so auf das Blatt, daß die linke obere Ecke das Blatt bedeckt.

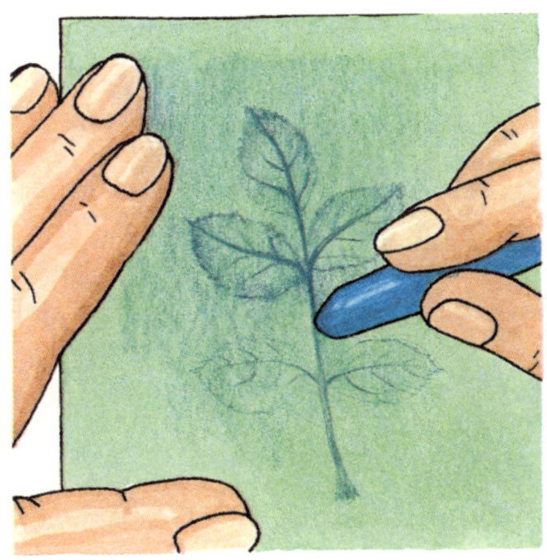

5. Mit einer Hand halten wir nun das Papier fest, während wir mit der anderen mit einem Wachsstift über das Blatt auf dem Papier rubbeln. Dabei wird über die Blattränder und den Stiel gemalt, damit die ganze Blattform sichtbar wird.

6. Jetzt bearbeiten wir die rechte obere Ecke des Papiers. Wir schieben ein anderes Blatt, wieder mit den Blattadern nach oben, darunter und rubbeln mit dem Wachsstift, bis die Konturen sichtbar werden.

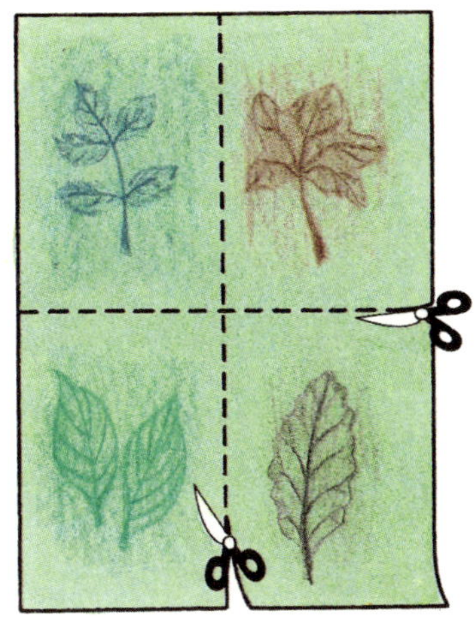

7. Genauso gehen wir auch mit den beiden unteren Ecken des Papiers vor. Aus einem Blatt Papier sind nun 4 Bilder entstanden.

8. Wir falten das Papier einmal der Länge und einmal der Breite nach und schneiden die Faltlinien durch.

9. Diese 4 Bilder kleben wir auf 4 vorbereitete Karten. Auf ihrer Rückseite ist Platz für den Text. Viel Spaß!

Zwetschgenmännchen

Altersempfehlung: ab 6 Jahre
(mit Hilfe eines Erwachsenen)

Die Zwetschgenmännchen sind eine Herbstdekoration mit Tradition. Männlein und Weiblein werden aus Trockenpflaumen und verschiedenen Nüssen zusammengesteckt. Auch die Kleidung, die unser lustiges Bauernpaar trägt, wird selbst gemacht. Da die Figuren auf Blumendraht aufgezogen werden, ist bei dieser Bastelarbeit sicherlich für einige Kinder die Hilfe eines Erwachsenen notwendig.

Material und Werkzeug

Trockenpflaumen
(getrocknete Zwetschgen)
Erd- und Walnüsse
Bucheckern
Eicheln
Blumendraht
Stoffreste
Geschenkband
Knetmasse
braunes Tonpapier
Weidenkörbchen mit Statice
(Bastelgeschäft)
Korkplatte
Stecknadeln
Klebstoff
Filzstifte

Herstellung des Grundmännchens:

1. Für den Kopf nehmen wir eine Walnuß und knacken sie vorsichtig, ohne die Schalenhälften zu zerbrechen. Danach kleben wir zwei Blumendrahtstäbe zwischen die Walnußschalenhälften.

2. Zunächst fädeln wir nur eine kleine Zwetschge auf die Drähte. Das wird der Hals.

3. Für die Arme schieben wir ein weiteres Drahtstück waagerecht zwischen die beiden senkrechten Drähte.

4. Anschließend werden 3 bis 4 größere Zwetschgen für den Körper aufgezogen. Für die Beine teilen wir die Drähte und fädeln 4 bis 5 Zwetschgen auf. Auf die Armdrähte werden wiederum nur 3 bis 4 Zwetschgen gesteckt.

5. Die Schuhe des Männchens basteln wir aus Eicheln, in die wir vorher ein kleines Loch gebohrt haben. Die Eicheln werden auf den Draht geschoben und mit Klebstoff befestigt. Damit die Figur gut stehen kann, werden die unten überstehenden Enden des Drahts in eine Korkplatte gesteckt. Zusätzlich sollte man die Schuhe am Kork festkleben.

6. Für die Hände versehen wir 2 Bucheckernschoten mit einem Loch, schieben sie auf die seitlichen Drähte und kleben sie fest.

7. Zum Schluß malen wir mit Filzstift Augen und Mund auf die Walnuß und drücken als Nase ein kleines Stück Knetmasse auf.

Die Kleidung des Zwetschgenmännleins

1. Das Zwetschgenmännlein erhält einen Mantel aus einem 20 x 25 cm großen Stoffrest, der an den Schmalseiten zweimal nach innen geschlagen wird. Wir stecken den Mantel mit zwei Stecknadeln an den Schultern des Männleins fest.

2. Anschließend bekommt das Männlein einen Hut aus braunem Tonpapier geknickt. Der Hut wird aufgeklebt.

Die Kleidung des Zwetschgenweibleins

1. Das Kopftuch und die Bluse des Zwetschgenweibleins schneiden wir mit einer Zackenschere aus einem Stoffrest. Das Stoffteil für den Rock wird dem Weiblein gerafft um die Taille gelegt und mit einem Geschenkbank zusammengehalten.

2. Ein mit Statice gefülltes Weidenkörbchen (erhältlich im Bastel- oder Spielwarenladen) wird in die Bucheckernhand geklebt, dann noch ein Kopftuch umgeknotet.

Körnerbilder

Altersempfehlung: ab 8 Jahre

Unser Speiseplan enthält eine Vielzahl von Früchten und Gemüsen, deren „Innenleben" (Kerne oder Körner) normalerweise auf dem Abfall landen. Es lohnt sich aber, Paprikasamen, Melonen- oder Apfelkerne zu trocknen und damit Bilder zu kleben. Kleinen Künstlern mit ein bißchen Erfahrung und Geduld gelingt so sogar dieses adrette Körner-Fachwerkhaus, das einen staunenswerten Wandschmuck abgibt!

Material und Werkzeug

bunte Körner aller Art
rote Strohhalme, gebügelt
Getreideähre
Makrameegarn oder Wollreste
Rest Spitze
Rest Buntpapier

Karton, DIN A 4
Schere
Klebstoff
Holzspieß
Nadel
Faden
Bleistift
Pergament- oder Pauspapier
Kordel

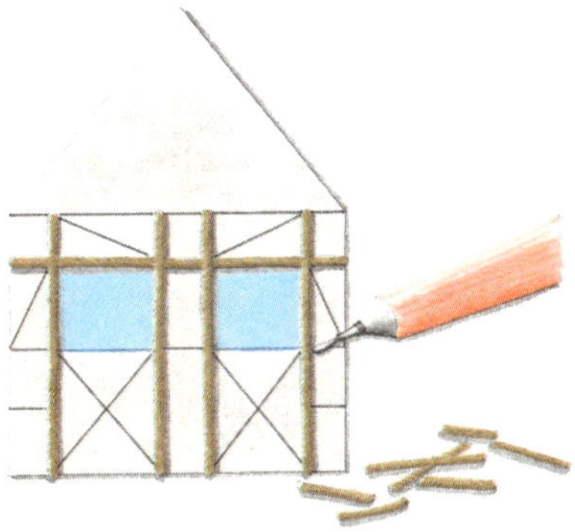

Haus

1. Wir pausen von der Vorlage auf Seite 100 den Grundriß des Hauses mit allen Linien für das Fachwerk auf festen Karton.

2. Einen Rest Buntpapier schneiden wir in der Größe der Fenster zu und kleben ihn auf.

3. Jetzt schneiden wir in der Länge einer jeden Linie für das Fachwerk Makrameegarn zu und kleben die Stücke sorgfältig fest. Dabei achten wir darauf, daß auch die Enden am Rand des Hauses ein wenig Kleber erhalten, damit sie sich nicht aufzwirbeln.

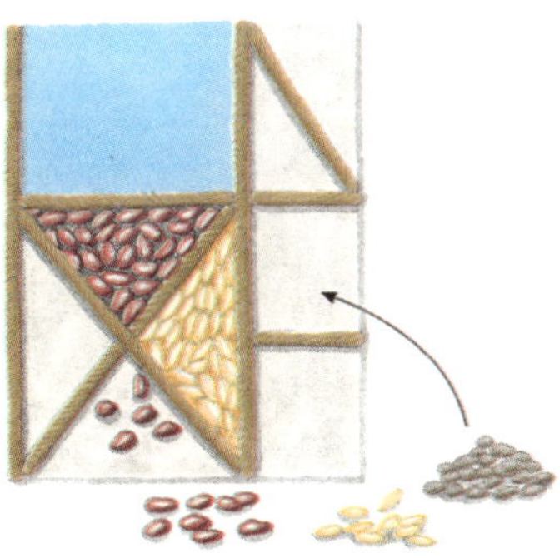

4. Nun bestreichen wir immer eine der entstandenen Flächen gut mit Klebstoff, streuen die Körner einer Sorte darauf und drücken sie etwas an. Größere Kerne kann man auch einzeln auflegen und vorsichtig mit Hilfe des Holzstäbchens an den gewünschten Platz rücken.

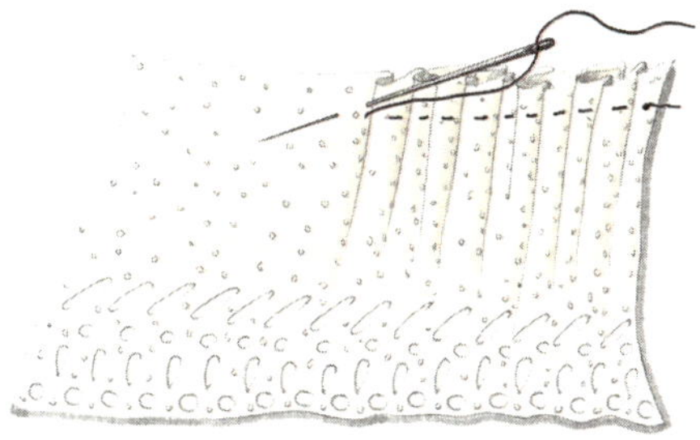

5. Sind alle Flächen belegt und getrocknet, drehen wir die Arbeit vorsichtig um. Dabei fallen alle überflüssigen Körner herunter, und wir sehen, wo noch welche fehlen. Diese kleben wir dann einzeln fest.

6. Einen Spitzenrest schneiden wir als Gardine zu. Er sollte fast doppelt so breit wie das Fenster sein. Mit Nadel und Faden raffen wir ihn oben auf die Breite des Fensters zusammen und kleben ihn fest.

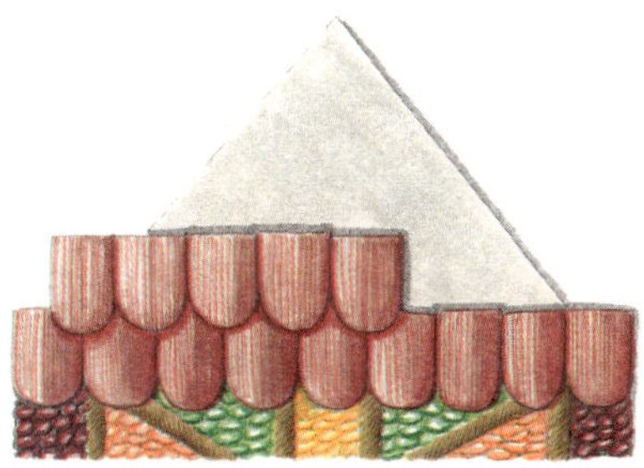

7. Nun fehlt nur noch das Dach. Wir schneiden aus dem gebügelten Stroh „Schindeln" von etwa 2 cm Länge. Wir beginnen mit dem Kleben über den Körnern und legen die „Schindeln" Reihe für Reihe überlappend bis zur Spitze auf. Die überstehenden Randstücke schneiden wir ab.

8. Um das Bild aufhängen zu können, kleben wir auf der Rückseite einen Aufhänger an.

Maus

Ein besonders süßes Körnerbild ist auch diese vorwitzige Maus! Jede Bastelmühe wird belohnt, wenn sie schließlich von der eigenen Kinderzimmerwand herabblinzelt.

1. Wir pausen von der Vorlage auf Seite 101 den Körperumriß ab.

2. Wir füllen den Bildhintergrund mit Speisehirse aus und gestalten den Körper der Maus mit Blaumohn. Einige Linsen werden zusätzlich unten auf die Hirse geklebt.

3. Für die Ohren werden 2 Kürbiskerne angeklebt und für das Auge eine braune Linse. Schwarze Bohnen ergeben eine Nase und zwei Hinterpfoten.

4. Den Schwanz und die Vorderpfoten gestalten wir aus je einem Stück Kordel.

5. Zum Schluß wird der Maus noch eine kleine Getreideähre in die Hand gegeben.

Abpausvorlage

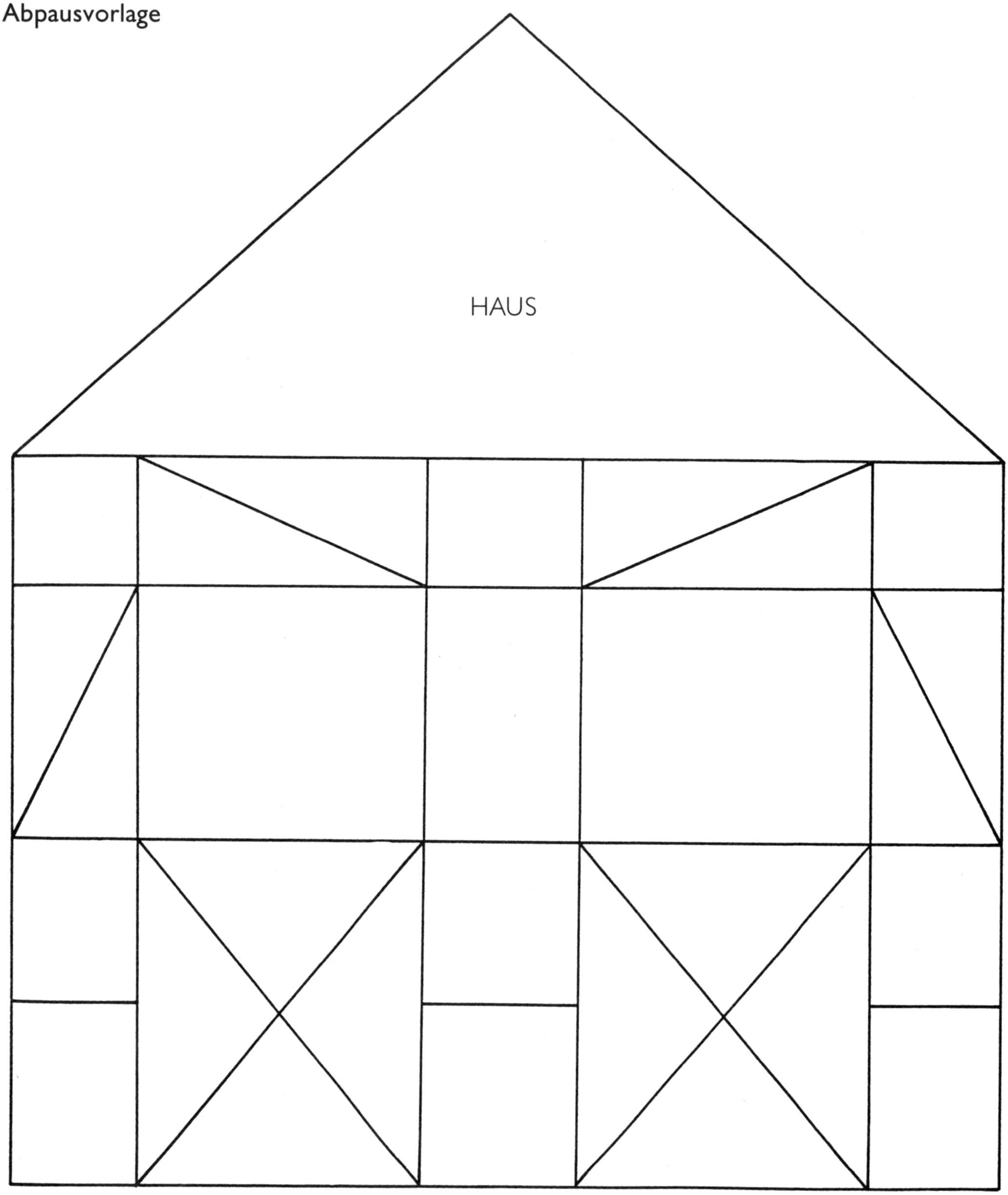

Abpausvorlage

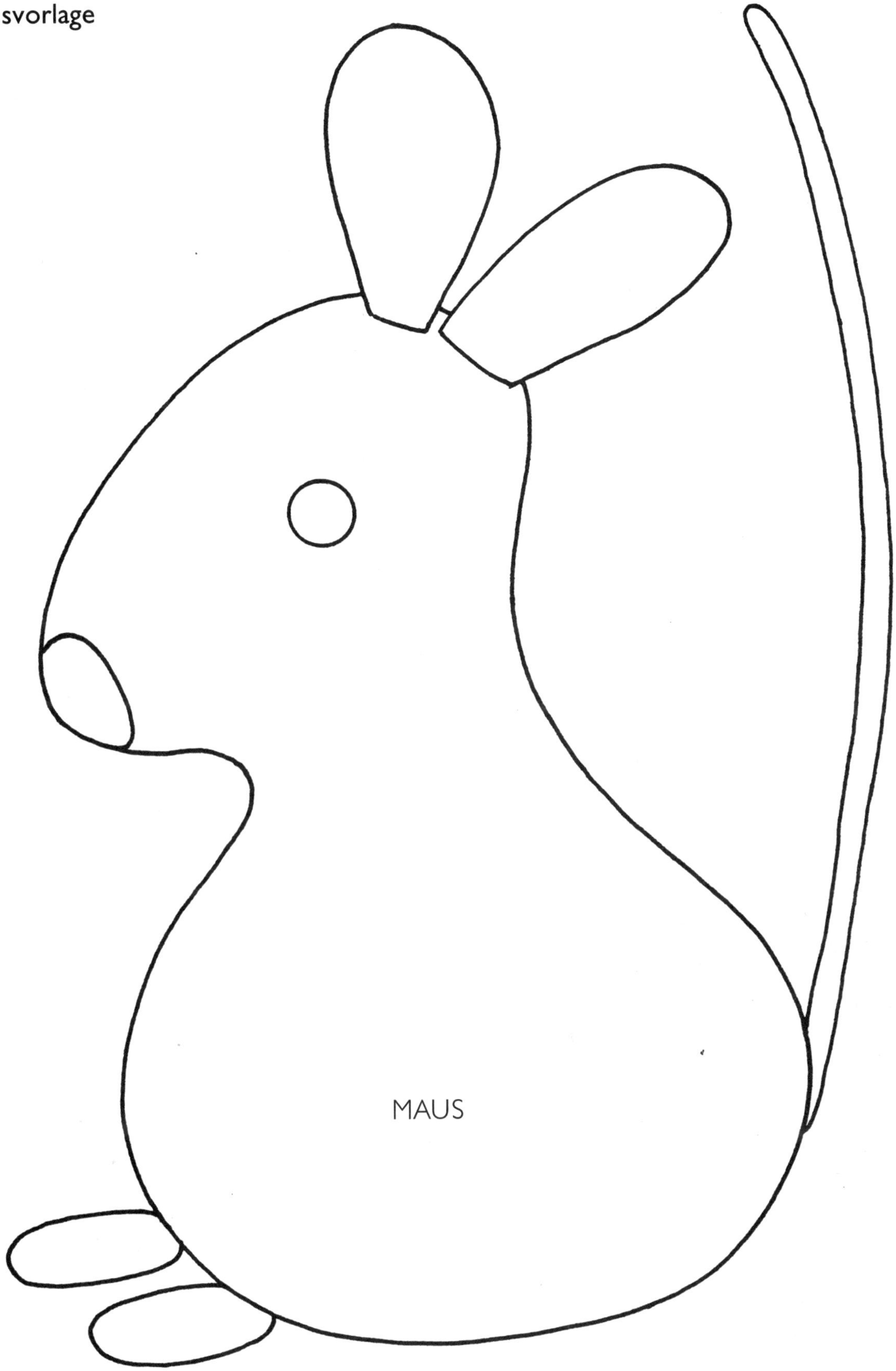

Kürbislaterne

Altersempfehlung: ab 6 Jahre

Alle bösen Geister fliehen vor dieser freundlichen Kürbislaterne, die man in Fenster und auf Terrassen, in Vorgärten oder vor die Haustür stellen kann. Mit kleinen Teelichtern in ihrem Innern strahlt sie weit in die Nacht hinaus; und tagsüber ist sie auch so eine schöne Dekoration! Egal, ob man das amerikanische „Halloween" aufgreifen oder einfach nur Erntedank feiern möchte – das Kürbisgesicht gefällt jedem!

Material und Werkzeug

1 großer Kürbis
Messer
Löffel
Teelichter

Zierkürbislaterne:
1 kleiner Zierkürbis
Draht
Messer oder Apfelstecher
Löffel
Teelichter
Klebstoff

1. Mit einem Messer schneiden wir den oberen Teil des Kürbisses auf. Am besten lassen wir uns hierbei helfen.

2. Nun höhlen wir den Kürbis aus, das heißt, wir entfernen, am besten mit einem Löffel, das Fruchtfleisch und die Kerne.

3. Mit einem Messer wird nun ein Gesicht in die Kürbisschale eingeschnitten. Augen- und Mundform können wir dabei selbst wählen.

4. Zum Schluß stellen wir viele brennende Teelichter in den Kürbis, damit er schön leuchtet.

Zierkürbislaterne

Wer sich schon auf das kommende Martinssingen vorbereiten will, kann den Kürbis auch leicht in eine tragbare Laterne verwandeln. Mit geometrischen Mustern verziert, strahlt die Zierkürbislaterne in alle Richtungen und ist gleichzeitig so stabil, daß sie ihrem Träger bestimmt nicht ausgeht.

1. Genauso wie bei der großen Kürbislaterne schneiden wir auch hier den oberen Teil der Frucht ab und löffeln das Innere aus.

2. Mit einem Messer (gut eignet sich auch ein Apfelkernstecher) schneiden wir Muster in den Kürbis.

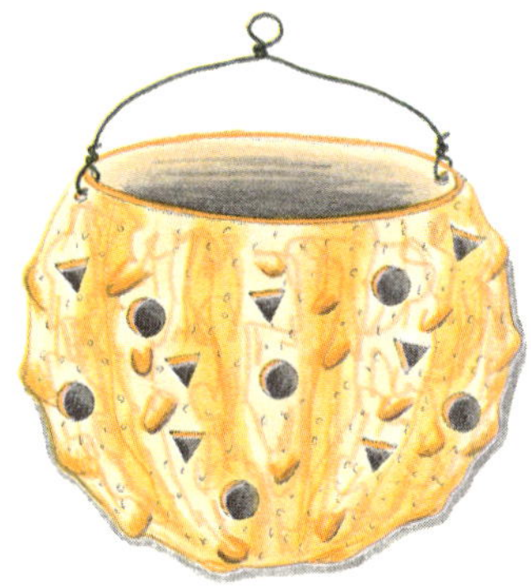

3. Am oberen Rand bohren wir zwei Löcher hinein und befestigen darin ein Drahtstück, so daß die Kürbislaterne auch an einen Laternenstock gehängt werden kann.

4. Das Teelicht wird mit Wachs oder Klebstoff befestigt, damit es nicht umfällt.

Tip

Das Fruchtfleisch, das wir aus dem Kürbis entfernt haben, muß nicht weggeworfen werden! Man kann daraus z. B. eine leckere Kürbissuppe kochen.

Wenn die Blätter fallen

Wenn die Blätter fallen, lohnt es sich, ganz genau hinzuschauen! Das Herbstlaub mit seinen vielen schönen Farbschattierungen ist ein ideales Bastelmaterial, mit dem man nach Herzenslust kleben, gestalten und sogar drucken kann. Wunderschön sind z. B. Briefkarten oder Stoffe mit Blätterdekor, und großen Spaß macht es, Wandbilder und luftige Mobiles aus Laub zu basteln. Auch die diesjährige Laterne für das Martinssingen präsentiert sich ganz im „Naturlook" und läßt ihr Licht durch hübsche gepreßte Gräser und Pflanzen hindurchscheinen.

Unter den vielen schönen Naturmaterialien, die uns der Herbst beschert, sind natürlich auch all die Nüsse, Zapfen und Früchte absolute Bastel-Favoriten. Schnell entstehen daraus witzige Figuren, und mit denen können wir gemeinsam über schlechtes Herbstwetter nur lachen!

Herbstmobiles, Anleitung auf Seite 114
Figuren aus Tannenzapfen, Anleitung auf Seite 118

Fensterbild Baum

Altersempfehlung: ab 4 Jahre
(mit Hilfe eines Erwachsenen)

Wer fleißig Laub gesammelt hat, kann damit sogar eine ganze Tischdecke und andere Stoffe verzieren – und zwar mit einer einfachen Drucktechnik, die auch schon die Kleinsten beherrschen.
Dazu braucht man nur ein paar Stoffmalfarben in Herbsttönen (Braun, Grün, Gelb, Rot etc.) und schlichte weiße Tischtücher, Sets oder Servietten.
Wer ganz sichergehen will, kann das Drucken vorher auf einem Stoffrest einüben.

Material und Werkzeug

Leinen- oder Baumwolltuch
Stoffmalfarben
Pinsel
Prospekte, Illustrierte
frisches Laub

1. Wir sammeln besonders schöne Blätter von den verschiedensten Bäumen und säubern sie sorgfältig. Vor dem Drucken schauen wir uns die Blätter aufmerksam an: Viele davon haben in der Herbstzeit nicht nur eine Farbe, sondern schillern bunt in mehreren Tönen. So soll es auch später auf der Tischdecke sein, und deshalb sollten wir für manche Blätter ruhig zwei oder drei Stoffmalfarben auswählen. Um so farbenfroher und lebendiger wird dann unser Ergebnis!

2. Wenn wir den Blättern ihre Farben zugeordnet haben, können wir mit dem Drucken beginnen. Dazu nehmen wir uns jedes Blatt einzeln vor und tragen mit einem Pinsel die Farbe auf. Aber Achtung! Nicht zu dick auftragen, sonst quillt die Farbe beim Drucken unter dem Blatt hervor, und es verliert seine Konturen. Der Blattdruck wirkt am besten, wenn die Farbe auf dem Blatt nur in einer Richtung aufgestrichen wird.

3. Jetzt können wir das bemalte Blatt vorsichtig auf das Tischtuch drücken, mit der bemalten Seite nach unten, versteht sich. Wir legen eine Seite einer Illustrierten darüber, drücken gleichmäßig an und streichen noch mehrmals mit der Hand über das Blatt. Danach werden das Blatt und die Papierseite entfernt, und fertig ist ein Druckmotiv!

4. Meist müssen Stoffmalfarben einmal gebügelt werden, dazu sollte man jedoch die Angaben des Herstellers beachten.

Tip
Statt die ganze Decke zu bedrukken, kann man auch nur einen abgemessenen Rand oder ein Mittelfeld mit Blättern verzieren.

Nußrassel und -klapper

Altersempfehlung: ab 5 Jahre

Mit diesen selbstgemachten Instrumenten können auch schon die Kleineren tüchtig auf den Putz hauen!
Man braucht dazu nur ein paar Walnüsse, die in der Herbst- und Vorweihnachtszeit überall zu bekommen sind. Beim Nageln der Rassel kann vielleicht ein größeres Kind oder ein Erwachsener helfen.

Material und Werkzeug

Für die Nußrassel:
6 Walnüsse
Messer
Klebstoff
Geschenkband
Schere
1 Polsternagel
35 cm langes Rundholz
(Ø 10–12 mm)
Hammer

Für die Nußklapper:
Karton
Buntstifte
Klebstoff
Lineal
Bleistift
Schere
2 halbe Walnußschalen

Nußrassel

1. Wir öffnen die Schalen jeder Walnuß vorsichtig mit einem Messer, entfernen die Nuß und legen jeweils die beiden zusammengehörenden Schalenhälften nebeneinander.

2. Jetzt bestreichen wir den Rand einer Nußschalenhälfte mit Klebstoff und legen wie gezeigt ein Stück Geschenkband darauf. Wir drücken nun die zweite Hälfte auf die erste. Mit den anderen fünf Nüssen verfahren wir genauso.

3. Dann legen wir die Enden der Geschenkbänder aufeinander und nageln sie oben auf das Rundholz. Schön sieht es aus, wenn wir auch noch ein paar lose flatternde Geschenkbändchen ohne Nüsse mit annageln.

Nußklapper

1. Wir nehmen einen 5 x 16 cm großen Kartonstreifen und malen ihn bunt an.

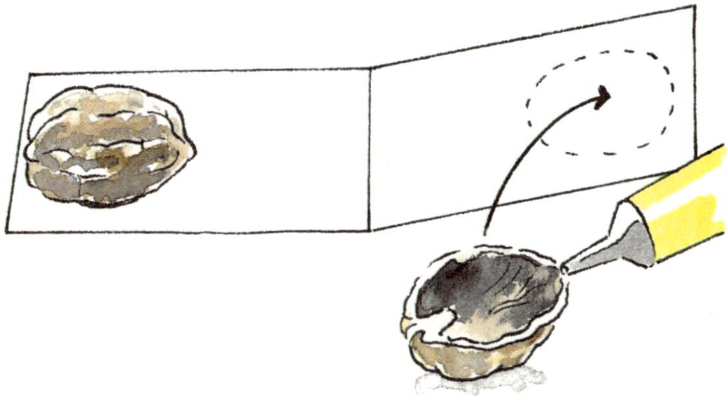

2. Nun falten wir den Streifen auf halbe Länge, klappen ihn wieder auf und kleben an jeder Innenseite jeweils eine Walnußschale fest.

3. Danach befestigen wir zwei etwa 1 x 7 cm lange Kartonstreifen als Haltegriffe. Dann können wir zum Spielen unten den Daumen und oben die anderen Finger zwischen Haltegriff und Karton schieben.

Tip

Wer sich gleich zwei Nußklappern bastelt, kann darauf wie auf spanischen Kastagnetten spielen.

Herbstmobiles

Altersempfehlung: ab 5 Jahre

Daß man mit selbstgesammelten Blättern, Früchten und Nüssen sogar zarte, schwebende Mobiles basteln kann, zeigt diese Anregung. Ausgewählte Blätter kann man leicht mit einem neuen „Anstrich" versehen, indem man sie mit einer Wachsschicht überzieht. Besonders festlich und kinderleicht herzustellen sind die langen Blättergirlanden, in denen Blätter mit Kastanien abwechseln.

Material und Werkzeug

Für das Mobile mit Nuß- und Wachsblättern
Nußblätter:
getrocknete und gepreßte Blätter
halbe Walnußschalen
Klebstoff
Nähfaden

Wachsblätter:
getrocknete und gepreßte Blätter mit Stiel
Kerzenreste
Faden zum Aufhängen
alter Topf
alter Holzlöffel

Für die Blättergirlanden:
getrocknete und gepreßte Blätter
Roßkastanien
Handbohrer
1 Stopfnadel

Mobile mit Nuß- und Wachsblättern

1. Für diesen Zimmerschmuck suchen wir besonders schöne Blätter aus. Dabei achten wir vor allem auch darauf, daß die Stiele nicht abgetrennt sind.

2. Für die Nußblätter bestreichen wir Walnußhälften dünn mit Klebstoff und fixieren sie beidseitig auf den Blättern. Wenn die Nußhälften angetrocknet sind, versehen wir die Blattstiele mit einem Faden, und schon sind sie fertig zum Aufhängen.

3. Für die Herstellung der Wachsblätter müssen wir zunächst unseren Arbeitsplatz vorbereiten: Wir decken die Arbeitsfläche mit Folie ab und legen das Material bereit. Die Kerzenreste erhitzen wir im Topf. Falls noch Dochtreste vorhanden sein sollten, entfernen wir sie. Das Wachs soll zwar gut flüssig, jedoch nicht zu heiß sein.

4. Jetzt nehmen wir den Topf vom Herd, fassen ein Blatt am Stiel an und tauchen es ganz kurz in das flüssige Wachs. Wir warten einige Sekunden, bis das Wachs abgetropft und etwas angetrocknet ist, und wiederholen den Vorgang einige Male, bis uns die Wachsschicht dick genug ist. Auf der Folie lassen wir die Wachsblätter fest werden.

5. Zum Schluß können wir die einzelnen Blätter an einen Zweig oder Peddigrohrkranz binden und dekorativ aufhängen – fertig ist das Mobile!

Blättergirlanden

1. Zuerst überlegen wir, wie lang die Girlande werden soll, und schneiden dann in entsprechender Länge einen Faden ab.

2. In die Kastanien müssen wir noch vor dem Auffädeln kleine Löcher bohren. Am besten geht das mit dem Handbohrer. Eventuell sollte bei diesem Arbeitsschritt ein Erwachsener helfen.

3. Zum Auffädeln verwenden wir eine Stopfnadel, die wir am Faden befestigen. Jetzt können wir abwechselnd eine Kastanie und ein Blatt auf die Schnur ziehen. Zum Schluß wird einfach zugeknotet.

4. Wir können die Girlande von der Decke hängen lassen oder das Fenster damit schmücken.

Gräserlaterne

Altersempfehlung: ab 6 Jahre
(mit Hilfe eines Erwachsenen)

Das Laternensingen im November ist ein alter, schöner Brauch, und jedes Kind ist besonders stolz, wenn es dabei ein selbstgebasteltes Kunstwerk vor sich hertragen kann. Ganz tolle Effekte kann man auch in diesem Fall wieder mit Naturmaterialien erzielen: In Pergament eingefaßte Gräser und Blätter treten durch die Beleuchtung von hinten besonders deutlich hervor und schmücken die Laterne mit einem eindrucksvollen Naturdekor, das nicht jeder hat. Wie bei den anderen Anleitungen müssen auch hier wieder alle Pflanzen einige Tage vor der Weiterverarbeitung gepreßt und getrocknet werden.

Material und Werkzeug

gepreßte Gräser und Blätter
2 Bögen Pergamentpapier (je 52 x 25 cm)
1 Käseschachtel mit einem Durchmesser von 16 cm
Bleistift
Lineal
Schere
Klebstoff
kleines Küchenmesser
1 Kerzenhalter aus Metall (Bastelgeschäft)
1 Kerze
Stopfnadel
30 cm langer Draht

1. In Lebensmittelgeschäften können wir runde, leere Käseschachteln bekommen, die etwa einen Durchmesser von 16 cm haben. Sie bestehen aus 2 Teilen:
A. dem Boden mit einem kleinen Rand und
B. dem oberen Ring in gleicher Größe.
Eine solche Käseschachtel dient uns als „Grundgehäuse“ für unsere Laterne. (Falls es den oberen Ring nicht gibt, helfen wir uns mit einem 52 cm langen und 2 cm breiten Kartonstreifen, den wir zu einem Ring zusammenkleben!)

2. Nun nehmen wir den einen Pergamentbogen und kleben die getrockneten Gräser und Blätter dekorativ darauf. Dabei ist es am besten, wenn wir den Klebstoff mit dem Finger auftragen. So kann die Menge besser dosiert werden. Kleine Blättchen lassen sich gut am unteren Rand des Bildes mitverwenden. Wir kleben so viele Blätter und Gräser auf, bis ein schönes Bild entstanden ist.

3. Mit wenigen, kleinen Klebstoffpunkten, die wiederum mit dem Finger verstrichen werden, kleben wir das andere, gleich große Pergamentpapier darüber, um die zarten Naturmaterialien zu schützen.

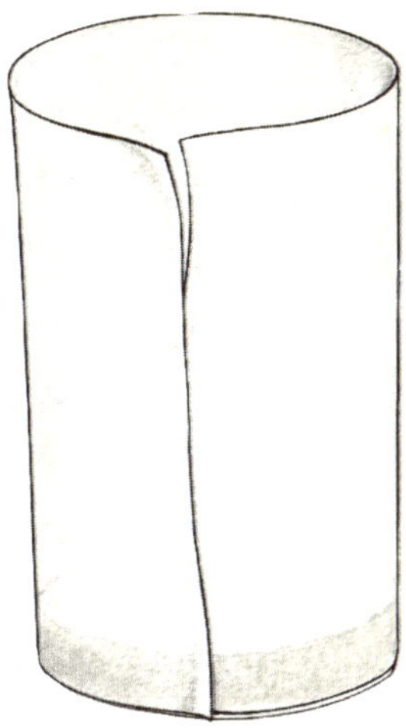

4. Das ganze Pergamentbild kleben wir jetzt mit dem unteren Innenrand an die Außenseite unseres Schachtelbodens.

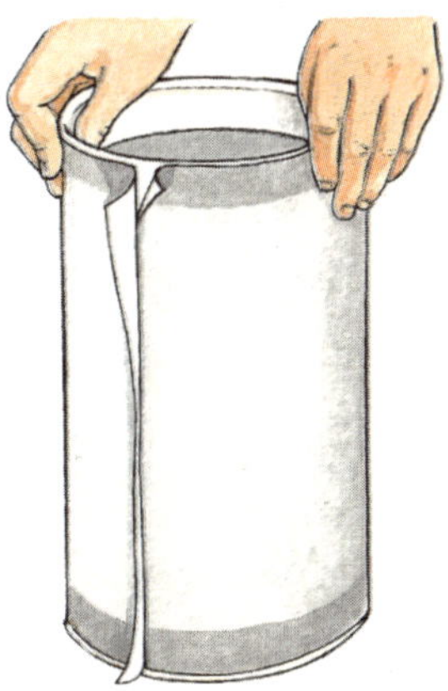

5. Nach oben begrenzen wir das Papier, indem wir den Schachtelring von innen in den oberen Laternenrand einkleben.

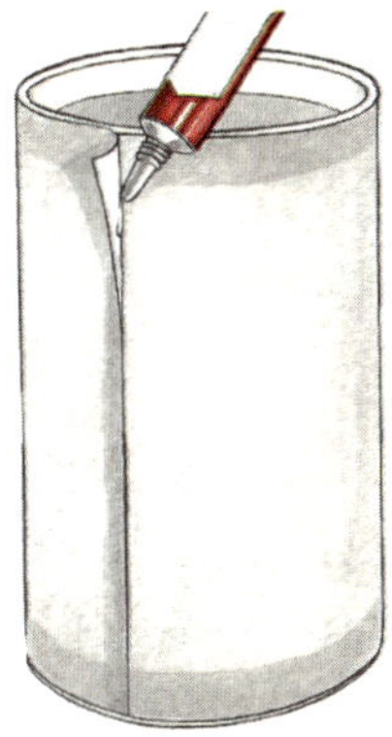

6. Nun schließen wir die Laterne, indem wir die beiden offenen Längsseiten zusammenkleben.

7. Wir bestimmen nun per Augenmaß die Mitte des Bodens. Dort stechen wir mit der Spitze eines kleinen Küchenmessers 2 kleine Risse ein, und zwar im Abstand von etwa 1 cm. So haben wir es leicht, den Metallkerzenhalter in unsere Laterne einzustecken.

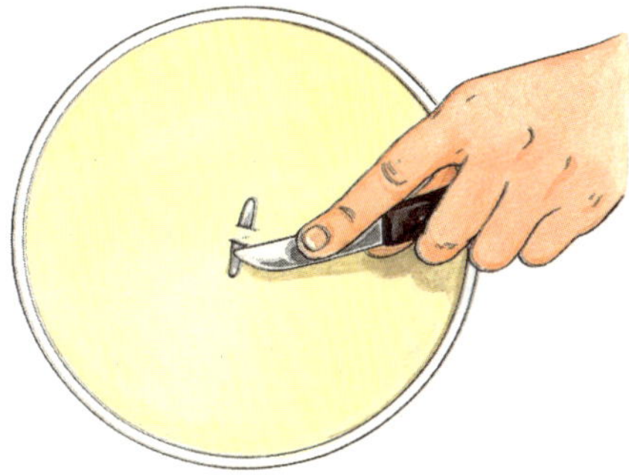

8. Auf der Unterseite des Bodens knicken wir mit Hilfe des Messers die 2 Laschen des Kerzenhalters um.

9. Wenn der Kerzenhalter stabil befestigt ist, stecken wir eine passende Kerze hinein.

10. Nun fehlt noch die Aufhängung unserer Laterne. Mit einer Stopfnadel stechen wir 2 sich gegenüberliegende Löcher in den oberen Ring.

11. Dann führen wir den Anfang unseres Drahtes durch eines dieser Löcher, biegen ihn nach etwa 3 cm und zwirbeln das kurze Ende um den Draht. Genauso verfahren wir mit dem anderen Ende.

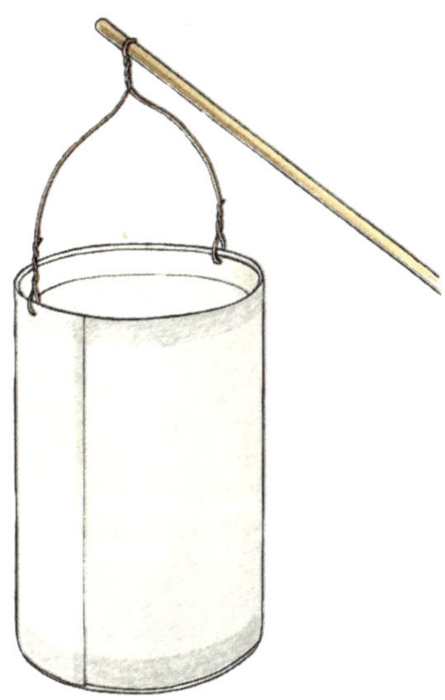

12. In der Mitte kann der Draht 1- bis 2mal gedreht werden. So entsteht eine Schleife, in die der Laternenstab eingehängt werden kann.

Figuren aus Tannenzapfen

Altersempfehlung: ab 6 Jahre
(mit Hilfe eines Erwachsenen)

Graue, verregnete Herbsttage vergehen im Handumdrehen, wenn man sich diese Tannenzapfenfiguren zum Spielen bastelt!
Besonders originelle Kerlchen sind z. B. die Stabpuppen, die sogar den Figuren im Kasperletheater Konkurrenz machen können. Und tierisch gut sind auch die kleinen Waldbewohner aus Tannenzapfen, die mit viel Phantasie und wenig Aufwand unter den Händen eines jeden Kindes entstehen können. Dafür lohnt es sich allerdings, vorher einen größeren Vorrat an Tannenzapfen zu sammeln, damit man anschließend für jede Figur die richtigen Größen aussuchen kann.

Material und Werkzeug

Tannenzapfen
Erlenzapfen
Federn
kleine Eichelhütchen
Ästchen
Kiefernnadeln
Bucheckernhüllen
Körner
Filzreste

Tonpapierreste
Holzleisten (Länge 20 cm, Breite 1 cm, Dicke 4 mm) oder gerade gewachsene Ästchen
getrocknete und gepreßte Blätter
Mohnkapseln
kleine Perlen
Knopfaugen
Holzleim
Säge
Messer
Papierlocher
Schere

Stabpuppen:

1. Für die Stabpuppen benötigen wir nur die breiten runden Teile der Tannenzapfen. Wir lassen sie uns am besten von einem Erwachsenen durchsägen.

2. Die Gesichter unserer Stabpuppen können wir wie auf der Abbildung zu sehen gestalten oder nach eigener Phantasie herstellen. Gut zur Dekoration verwenden kann man z. B. Federn, Gräser oder Filzreste. Bewegliche Knopfaugen gibt's in jedem Bastelgeschäft.

3. Unten am Kopf wird ein kleines Stück Ast als Hals mit Holzleim fixiert und in den zweiten Zapfen gesteckt. Auch der Stab zum Festhalten wird eingesteckt und angeklebt, und schon sind die Figuren fertig für ein Puppenspiel! Wir können die lustigen Gesellen aber auch als Schmuck für den Blumentopf verwenden.

Zapfentiere

Stachelschwein

1. Für den Körper suchen wir einen dicken Tannenzapfen aus. Für das Schnäuzchen schneiden wir von einer Mohnkapsel Stiel und Blütenstand ab und kleben sie an die Spitze des Tannenzapfens.

2. Für die Füße brechen wir 4 große Schuppen von einem Tannenzapfen ab und kleben sie an den Körper.

3. Jetzt tupfen wir mehrere Tropfen Holzleim verteilt in den Tannenzapfen und stecken die Kiefernnadeln hinein. Nun müssen wir noch alles gut trocknen lassen.

Vogel

1. Auf den Stielansatz eines Tannenzapfens kleben wir eine Buchecker oder deren Hülle (Keimblätter) als Schnabel.

2. Für den Schwanz verwenden wir kleine Federn oder schmale gepreßte Blätter. Dazu träufeln wir einige Tropfen Holzleim in den Tannenzapfen und stecken die Federn oder Blätter hinein.

3. Wir können die Augen mit dem Filzstift aufmalen oder mit dem Papierlocher aus Filz ausstanzen und aufkleben. Für die Füße verwenden wir zwei Eichelhütchen.

Raupe

1. Für das Raupengesicht nehmen wir die stumpfe Seite des Tannenzapfens.

2. Den Mund schneiden wir aus Tonpapier aus. Diesen und die beiden Knopfaugen kleben wir an den Tannenzapfen.

3. Für die Fühler kleben wir mit etwas Leim zwei kleine Ästchen oben in den Tannenzapfen.

Ente

1. Wir suchen einen größeren Tannenzapfen für den Bauch aus und einen kleineren für den Kopf und kleben sie so aufeinander, daß der Stielansatz für den Schnabel benutzt werden kann.

2. Den Schnabel schneiden wir aus Tonpapier und kleben ihn vorn auf den Stielansatz.

3. Für die Augen wählen wir Perlen oder Körner aus und kleben sie ebenfalls mit wenig Leim auf.

4. Die Füße erhält die Ente, indem wir eine Eichel in zwei Hälften schneiden (das macht besser ein Erwachsener) und unten an den Körper kleben.

5. Zum Schluß stecken wir noch eine kleine Feder als Schwanz ein.

Herbstpost

Altersempfehlung: ab 8 Jahre

Richtige kleine Kunstwerke sind diese vielfältigen Grußkarten mit Blatt- und Gräsermotiven, die vor allem die erfahreneren unter den kleinen Bastlern reizen dürften. Wer der Anleitung folgt, wird sehen, daß die Herstellung gar nicht so schwierig ist: Im Nu entstehen da ganz besondere Herbstgrüße an ganz besondere Empfänger! Auswählen sollte man dazu große, dekorative Blätter in verschiedenen Farbtönen, die anschließend vorsichtig alle in einer Blumenpresse oder zwischen Büchern getrocknet werden.

Material und Werkzeug

Klappkarten, unbedruckt
getrocknete Gräser und Blätter
farbige Papiere
Alleskleber
Cutter
Bleistift
Lineal
Schere

Blätterkarte mit Rahmen

1. Wir bekleben die Vorderseite einer Klappkarte zunächst vollständig mit schönen Blättern.

2. Eine zweite, gleich große Klappkarte halbieren wir, so daß wir eine einzelne Vorderseite erhalten. Nun schneiden wir aus ihr einen 1,5 cm breiten Rahmen aus. Am besten geht das mit einem Cutter, den man im Bastelgeschäft erhält. Aber Vorsicht mit der scharfen Schneide!

3. Den ausgeschnittenen Rahmen kleben wir schließlich auf die Karte mit den Blättern.

Hellblaue Karte

1. Wir schneiden einen etwa 1 cm breiten Ausschnitt diagonal in das Deckblatt einer hellblauen Karte. Auch hierzu verwenden wir den Cutter.

2. Auf die Rückseite des Deckblatts kleben wir ein andersfarbiges Blatt Papier in der Größe der Karte.

3. Die getrockneten Gräser werden vorsichtig mit Klebstoff auf der Sichtseite befestigt. In den ausgeschnittenen Streifen kann der Name des Empfängers oder ein Glückwunsch geschrieben werden.

Karte mit Schattenblatt

1. Wir legen ein Blatt mit stark gezacktem Rand auf eine Klappkarte und zeichnen mit kurzen, eng beieinanderliegenden Strichen den Rand nach.

2. Besonders schön sieht es aus, wenn anschließend das getrocknete Blatt zur Hälfte über das gezeichnete Blatt geklebt wird.

Karte mit Blätterblume

1. Mehrere gepreßte Blätter werden zu einer Blume angeordnet. Dabei kann man ruhig mit den verschiedenen Blattformen spielen.

2. Das schönste Blattmotiv kleben wir nach und nach auf einer Klappkarte auf.

Es weihnachtet

Alle Jahre wieder freut sich die ganze Familie auf die Weihnachtsvorbereitungen – kaum jemals ist schöner Zimmer- und Baumschmuck so gefragt wie in diesen Tagen!

Auch die Kinder können da fleißig mitbasteln oder den Erwachsenen sogar zeigen, wie man das macht: Nuß- oder Zapfenanhänger für weihnachtliche Zweige, dekorative Herzen aus Naturbast oder unverwechselbare Weihnachtsgestecke aus der eigenen Produktion.

Für kleine Naschkatzen sind die kugelrunden Apfelnikoläuse das Größte – obwohl sie eigentlich fast zu hübsch zum Aufessen sind. Und durch die ganze Adventszeit leuchten die selbstgebundenen Strohsterne, die erst im Fenster und dann vielleicht sogar am Weihnachtsbaum hängen.

Weihnachtskarten, Anleitung auf Seite 134
Baumschmuck und Tannenzapfen, Anleitung auf Seite 138

Walnuß-Adventskalender

Altersempfehlung: ab 4 Jahre
(mit Hilfe eines Erwachsenen)

Bei diesem Adventskalender werden ganz einfach die Verpackungsmöglichkeiten der Natur genutzt: Statt in kleinen Schachteln werden die Überraschungen dieses Mal in Walnußschalen versteckt. Und wenn man ein bißchen nachdenkt, findet man eine ganze Menge Dinge, die man als „Füllung" nehmen könnte: Bonbons, Sticker, kleine Anhänger, Haargummis ... oder ganz einfach mal ein liebes Zettelchen!
Und dann heißt es jeden Morgen: „Knack die Nuß!"

Material und Werkzeug

24 Walnüsse
Nußknacker
Goldfarbe
Pinsel
Zeitungen als Unterlage
rotes Schleifenband
Klebstoff
kleine Leckereien zum Füllen

1. Zuerst müssen wir die Walnüsse so vorsichtig knacken, daß die Walnußschalenhälften möglichst ganz bleiben. Die Kerne werden entfernt. Wir achten darauf, daß die zusammengehörenden Walnußhälften nebeneinanderliegen, dann ist später das Zusammenkleben einfacher.

2. Die 48 Walnußschalenhälften bemalen wir nun auf einer mit alten Zeitungen abgedeckten Arbeitsfläche von außen mit Goldlack. Auch hierbei passen wir auf, daß die zueinandergehörenden Nußhälften nicht getrennt werden. Nachdem der Lack aufgetragen ist, lüften wir den Raum gründlich. Nun muß der Lack 2–3 Stunden trocknen.

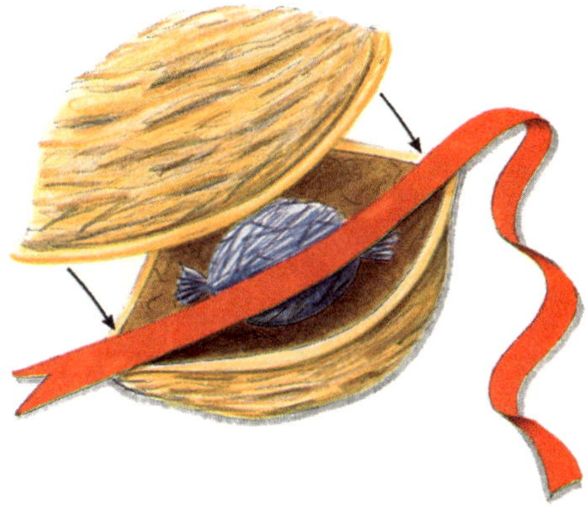

3. Eine Hälfte jeder Walnußschale bestreichen wir nun am Rand mit Klebstoff. In diese Hälfte legen wir eine kleine Überraschung und kleben ein Stück Schleifenband auf. Dann wird die andere passende Hälfte der Walnuß dagegengeklebt.

4. An den Schleifenbändern können wir schließlich die Nüsse an einen Zweig oder einen Kranz hängen.

5. Auf die fertigen Walnußschalen malen wir anschließend die Zahlen von 1 bis 24 auf.

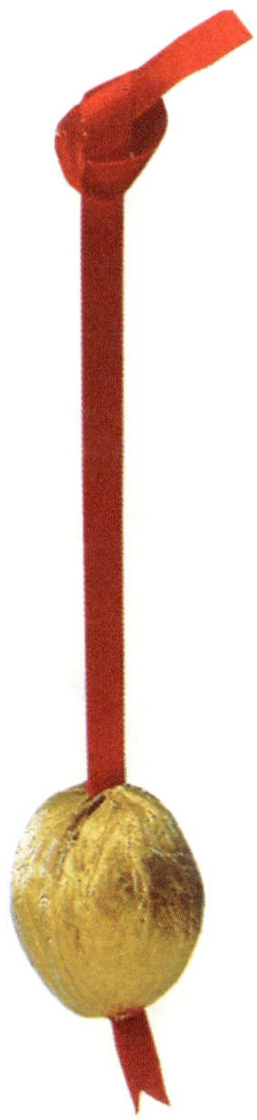

Weihnachtsvögel

Altersempfehlung: ab 4 Jahre
(mit Hilfe eines Erwachsenen)

Wer vom Walnuß-Adventskalender ein paar vergoldete Walnüsse übrigbehalten hat, kann sie selbstverständlich auch noch zu anderen Basteleien benutzen! Eine schöne und leicht nachzuarbeitende Idee sind z. B. diese Weihnachtsvögel, die sich besonders gerne auf ein paar Tannenzweigen oder einem vorweihnachtlichen Gesteck niederlassen würden.

Material und Werkzeug

Bleistift
Schere
brauner Fotokarton
Goldstift
Klebesterne
Goldkordel
Nadel
Walnüsse
Messer
Goldspray oder goldene Wasserfarbe
Pinsel
Klebstoff

1. Von der Vorlage übertragen wir den Weihnachtsvogel auf braunen Fotokarton und schneiden ihn aus.

2. Nun malen wir mit dem Goldstift auf beide Seiten je ein Auge und den Schnabel. Den Schwanz können wir mit verschiedenen Mustern verzieren.

3. Für die Sternenketten fixieren wir zwischen je zwei gleich großen, selbstklebenden Sternen ein Stückchen Goldkordel.

4. Wir befestigen die Sternenkette mit Hilfe der Nadel am Bauch des Vogels.
Wenn keine Nüsse mehr übrig sind, müssen anschließend neue Walnüsse halbiert und die Schalen golden lackiert werden. Gut trocknen lassen!

5. Dann bestreichen wir den Rand der Nußschalen mit Klebstoff und kleben je eine als Flügel auf jede Seite des Vogels.

6. Oberhalb der Flügel ziehen wir für die Aufhängung ein Stückchen Goldkordel ein und verknoten die Enden miteinander.

Abpausvorlage

Naturwollschafe

Altersempfehlung: ab 4 Jahre

In der Weihnachtszeit sind viele Vorbereitungen zu treffen. Für eine neue Ausstattung der Weihnachtskrippe bieten sich z. B. diese Naturwollschafe an, die auch schon für ganz kleine Bastler geeignet sind. Natürlich kann man sich auch gleich eine ganze Herde zum Spielen basteln. Aber hierbei nicht das schwarze Schaf vergessen!

Material und Werkzeug

Pergament- oder Pauspapier
Bleistift
Rest Pappe
Schere
Klebstoff
schwarzer Filzstift
ungesponnene Naturwolle

1. Die Umrisse des Schafs pausen wir von der Vorlage zweimal auf unsere Pappe und schneiden sie aus. Auch die Ohren werden in doppelter Ausführung übertragen und ausgeschnitten.

2. Die 2 Pappschafe kleben wir bis zu den gestrichelten Linien an den Füßen zusammen. An diesen Linien knicken wir die Pappe jeweils nach außen.

3. Die Ohren werden rechts und links am Kopf angeklebt. Mit einem schwarzen Filzstift malen wir die Augen auf.

4. Das Gesicht, die Ohren und die umgeknickten Füße werden nicht mit Wolle beklebt. Den Rest des Körpers bestreichen wir auf der einen Seite mit Bastelkleber, legen dann die Naturwolle darauf und drücken sie vorsichtig an.

5. Ist die eine Seite ganz beklebt, drehen wir das Schaf um und bekleben auch die zweite Seite.

6. Biegen wir nun die Füße an dem Knick auseinander, kann unser Schaf auch stehen.

Abpausvorlage

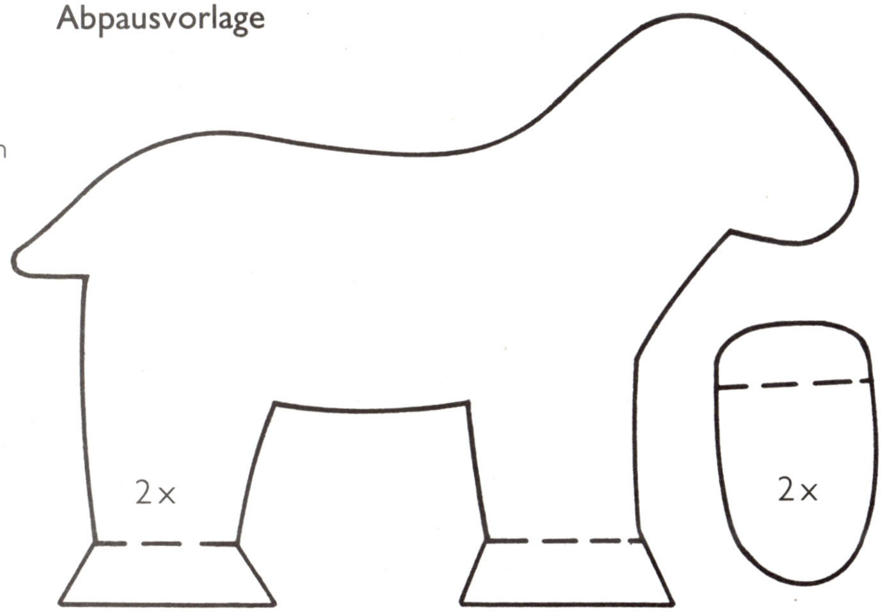

Geflochtene Bastherzen

Altersempfehlung: ab 5 Jahre
(mit Hilfe eines Erwachsenen)

Diese geflochtenen Herzen aus Naturbast sind eine wunderschöne Dekoration für die Advents- und Weihnachtstage. Den Baststreifen kann man schon fertig kaufen (Bastelgeschäft) oder aber selbst flechten. Für die Herstellung der Herzen brauchen wir dann nur noch etwas Draht und rotes Schmuckband. Kleiner Aufwand, aber große Wirkung!

Material und Werkzeug

geflochtene Baststreifen (ca. 1,50 m) oder
1 Bündel naturfarbener Handarbeitsbast
Schere
Klebstoff
Blumendraht
rotes Schleifenband

Einfaches Herz

1. Für das einfache Herz müssen wir zunächst einen etwa 50 cm langen geflochtenen Baststreifen herstellen. Das ist genauso leicht wie Zöpfe flechten!

2. Diesen Streifen binden wir wie in der Zeichnung genau in der Mitte mit etwas Blumendraht zusammen. Die Enden des Drahtes wickeln wir erst umeinander und dann um den Bast.

3. Als nächstes binden wir mit dem Blumendraht die beiden Enden des Baststreifens fest zusammen, wickeln die Drahtenden fest und biegen den Bast in Herzform.

4. Dort, wo der Draht zu sehen ist, werden nun die Schleifen angebunden oder Schleifenbandstücke darübergeklebt. Den noch überstehenden Bast der Enden schneiden wir mit der Schere gerade ab.

5. Zum Aufhängen können wir durch beide oberen Herzbögen mit einer Nadel einen Faden ziehen.

Doppelherz

1. Für das Doppelherz müssen wir zwei geflochtene Baststreifen herstellen: Einer sollte etwa 60 cm lang sein und einer etwa 40 cm lang. Beide werden jeweils (wie in der Zeichnung beim einfachen Herz) in der Mitte mit Blumendraht abgebunden.

2. Die beiden Enden des kleinen Streifens wie auch die des großen werden zusammen mit Draht fest umwickelt.

3. Auch das Doppelherz wird wie das einfache Herz mit Schleifen verziert und erhält einen Faden oder ein Band zum Aufhängen.

Tip

Die fertigen Bastherzen sind ein toller Wand- oder Türschmuck. Wunderschön sehen sie in der Adventszeit aber auch als Fensterbilder aus. Mit den roten Zierschleifen eignen sich die Herzen auch hervorragend als Schmuck für den Weihnachtsbaum, wenn ihr viele kleine davon herstellt.

Apfelnikoläuse

Altersempfehlung: ab 5 Jahre
(mit Hilfe eines Erwachsenen)

Diese Apfelnikoläuse sind genau das Richtige für kleine Naschkatzen! Sie sind so schnell hergestellt, daß man gleich jedem Familienmitglied einen eigenen Nikolaus basteln kann – wobei natürlich in der Farbe der Halskrause abgewechselt wird. Über dies in doppelter Hinsicht „süße" Geschenk wird jeder hocherfreut sein!

Material und Werkzeug

- *große Walnüsse*
- *Zahnstocher*
- *Karton*
- *schöne rote Äpfel*
- *Packpapier*
- *Watte*
- *kleine rote Pompons oder rote Perlen*
- *Wattekugeln*
- *Wasserfarben*
- *Deckweiß*
- *Filzstift*
- *Alleskleber*
- *Holzleim*
- *Schere*
- *Handbohrer*

Mütze und Halskrause

1. Zunächst bemalen wir einen Bogen Packpapier mit Wasserfarben und lassen die Farbe gut trocknen.

2. Danach übertragen wir die Vorlage für die Mütze auf das eingefärbte Packpapier, schneiden die Form aus und kleben sie an den Seiten zusammen, so daß ein Kegel entsteht. Rand und Spitze der Mütze werden mit Watte geschmückt.

3. Für die Halskrause falten wir einen Streifen Packpapier mit den Maßen 4 x 50 cm zu einer Ziehharmonika und schrägen ihn an einer Seite ab.

4. Nun legen wir das gefaltete Papier zu einem Kreis und kleben ihn an den Seiten zusammen. Aus Karton fertigen wir eine Scheibe in der Größe der Vorlage zur Halskrausen-Unterlage. Die Scheibe wird unter die Krause geklebt.

Walnußkopf

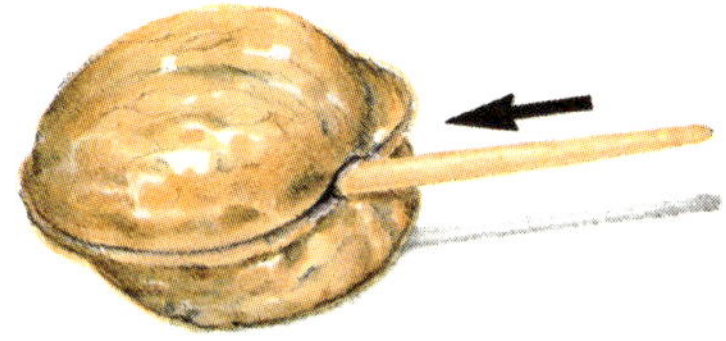

1. Mit dem Handbohrer wird ein Loch in die „Naht" einer Walnuß gebohrt. Eventuell sollte bei diesem Schritt ein Erwachsener helfen. Anschließend wird ein Zahnstocher mit etwas Holzleim in das Loch geklebt. Den Leim gut trocknen lassen.

2. Mit Deckweiß und Filzstift malen wir nun die beiden Augen auf die Nußschale. Dann kleben wir einen kleinen roten Pompon oder eine rote Perle als Nase auf und einen Bart aus Watte.

3. Die vorbereitete Papiermütze wird auf den Walnußkopf aufgeklebt.

Zusammensetzen des Apfelnikolauses

1. Wenn wir alles vorbereitet haben, können wir die Einzelteile zusammenstecken. Die Halskrause schieben wir auf den Zahnstocher, der aus dem Nußkopf unten herausragt.

2. Anschließend wird der Zahnstocher so in den Apfel gesteckt, daß Kopf und Halskrause fest auf der Frucht sitzen.

3. Für die Hände stecken wir zwei Wattekugeln auf Zahnstocher und spießen sie seitlich in den Apfel.

Abpausvorlagen

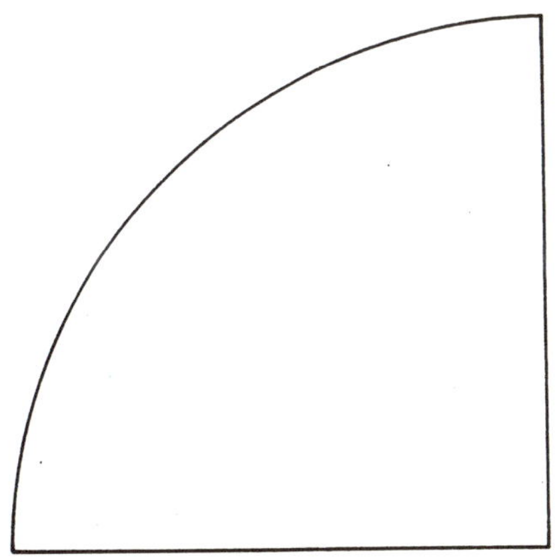

MÜTZE

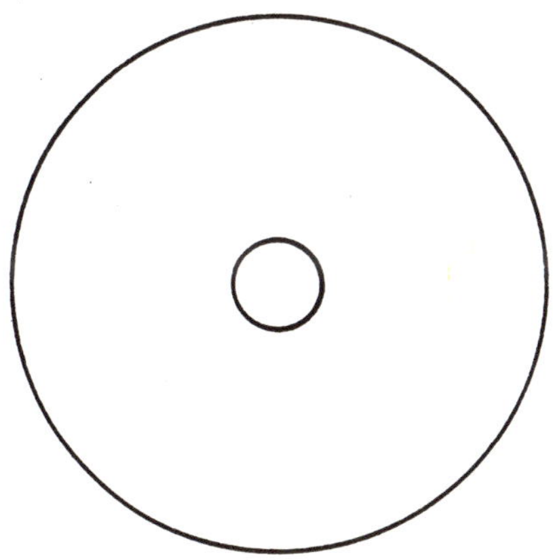

HALSKRAUSENUNTERLAGE

Weihnachtskarten

Altersempfehlung: ab 6 Jahre

Vielleicht habt ihr einen Freund oder eine Freundin in der Ferne und wollt in diesen Tagen einen Weihnachtsgruß verschicken? Auch dabei kann man mit Naturmaterialien tolle Effekte erzielen! Eine Anregung ist z. B. diese Weihnachtskarte, die mit einem echten Tannenzweig geschmückt wird. Die anderen Dekomaterialien bekommt ihr im Bastelgeschäft.

Material und Werkzeug

Wellpappe in Weiß und Blau
Schere
Klebstoff
kleiner Tannenzweig
Dekoschneemann
selbstklebende Dekosterne
Strukturschnee
(Bastelgeschäft)

1. Wir schneiden die weiße Wellpappe in die gewünschte Kartenform und knicken sie in der Mitte.

2. Aus blauer Wellpappe schneiden wir zwei Wolken aus und kleben sie auf.

3. Nun besprühen wir unseren kleinen Tannenzweig mit Strukturschnee. Zusammen mit dem Dekoschneemann wird er am unteren Rand der Karte aufgeklebt. Zum Schluß können wir nach Lust und Laune ein paar Sterne aufkleben.

Tip

Am einfachsten ist es, noch ein Blatt Papier in die fertige Bastelkarte einzulegen. Darauf könnt ihr dann etwas schreiben oder malen. Zum Verschicken einen größeren, gepolsterten Umschlag nehmen, damit die Karte nicht kaputtgeht. Ihr könnt euch natürlich auch noch jede Menge anderer Motive für die Karten ausdenken, z. B. einen Tannenbaum, Nikolaus, Schneemann.

Weihnachtsgestecke

Altersempfehlung: ab 6 Jahre

Auch Kinder können Weihnachtsgestecke basteln! Mit einem Stück Steckschwamm oder einem Tonklumpen ist das sogar ganz einfach. Tannen- oder Kiefernzweige, dekorative Ästchen oder Beeren findet ihr beim Waldspaziergang zur Genüge. Mit ein wenig weihnachtlichem Dekomaterial werdet ihr dann zu perfekten Floristen!

Material und Werkzeug

Blumenschale
Steckschwamm oder Tonklumpen
Tannenzweige und andere Zweige
weihnachtliches Dekomaterial
Kerze
buntes Tonpapier
Schere
Klebstoff
Schaschlikspieße aus Holz

Gestecke mit Steckmasse

1. Die Steckmasse wird zunächst in eine Blumenschale oder ein kleines Körbchen eingepaßt.

2. Nun können wir nach Herzenslust die schönsten Zweige in die Masse stecken. Eine natürliche Dekoration erreichen wir z. B. mit kleinen Beeren, Früchten oder Nüssen.

3. Das fertige Material wird darüber hinaus noch mit etwas weihnachtlichem Dekor geschmückt. Dazu können wir Sterne, Kerzen, Bäumchen oder ähnliches auf buntes Tonpapier zeichnen und die Formen ausschneiden. Alle Motive werden dann an kleine Schaschlikspießchen geklebt und in die Steckmasse eingesteckt. Es gibt aber auch noch viele andere Möglichkeiten der Dekoration: Wer möchte, kann z. B. rote Schleifen in das Gesteck einbinden oder eine kleine Weihnachtsmann-Figur hineinsetzen.

Gestecke mit Ton

1. Wir kneten einen Tonklumpen kräftig durch und bringen ihn in die gewünschte Form. In diesem Fall kann es je nach Belieben ein Kreis oder Rechteck sein – wichtig ist nur, daß der Klumpen einigermaßen standfest und dick wird, um später die Zweige halten zu können.

2. Jetzt können wir wiederum alle Zweige und Äste, die uns gefallen, in die frische Masse einstecken. In den Tonboden kann man besonders gut auch größere Objekte wie eine Kerze hineinstellen. Das müssen wir aber tun, solange der Ton noch weich ist.

3. Nun sollte unser Gesteck einige Tage trocknen, bevor die Zweige mit Schleifen und weihnachtlichen Dingen dekoriert werden.

Baumschmuck mit Tannenzapfen

Altersempfehlung: ab 6 Jahre

Ein natürlicher Baumschmuck sind diese Figuren mit eingearbeiteten Tannenzapfen, die einen Zweig in der Adventszeit oder auch den großen Christbaum schmücken können. Die Tannenzapfen sollten sowohl in den Igel als auch in den Tannenbaum möglichst genau hineinpassen, sie müssen also sorgfältig ausgewählt werden.

Material und Werkzeug

Fotokarton in Grün und Braun
Tannenzapfen
Bleistift
Schere
Faden

Tip

Man kann die Igel-Vorlage auch auf eine Klappkarte übertragen (siehe Seite 123), dann kann die Figur stehen! Die oberen Stacheln müssen beim Abpausen den Falz der Klappkarte berühren, dürfen aber nicht zu spitz angeschnitten werden.

1. Von den Vorlagen pausen wir die Muster auf einfache Pappe ab, schneiden sie aus und erhalten so die Schablonen für den Baumschmuck.

2. Wir übertragen sie auf braunen Karton für den Igel und auf grünen Karton für den Tannenbaum.

3. Nun schneiden wir die beiden Motive aus. Für die Innenteile benutzen wir am besten eine kleine spitze Schere.

4. Anschließend setzen wir passende Tannenzapfen ein und fixieren sie wenn nötig mit etwas Klebstoff. Die Fäden zum Aufhängen sollten farblich auf das Motiv abgestimmt sein. Geeignet dazu ist braunes oder grünes Perlgarn.

Abpausvorlagen

Baumschmuck mit Nüssen

Altersempfehlung: ab 6 Jahre

Auch Nüsse kann man zu wunderschönem Weihnachtsbaumschmuck verarbeiten. So entstehen z. B. Erdnußketten, die hübscher sind als alle Kunstgirlanden, und winzige Walnußschalenbettchen, die vor allem die kleineren Bastelkünstler begeistern werden.

Material und Werkzeug

Für die Erdnußkette:
viele ganze Erdnüsse
viele rote viereckige oder andere Holzperlen
Nähnadel
Nähgarn
Schere

Für ein Walnußschalenbettchen:
1 ganze Walnuß
Nußknacker
Schleifenband
Klebstoff
Filz- oder Stoffreste
Schere
1 kleine Holzperle
feine Folienstifte

Erdnußkette

1. Wir schneiden einen langen Faden Nähgarn ab und verknoten ihn mit dem einen Ende am Nadelöhr.

2. Jetzt fädeln wir eine Holzperle auf den Faden und knoten sie so gut fest, daß sie nicht mehr verrutschen kann.

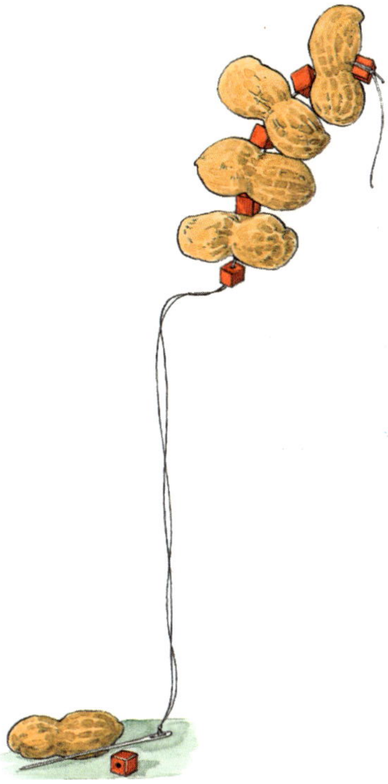

3. Dann fädeln wir abwechselnd so lange eine Perle und eine Erdnuß auf, bis unsere Kette lang genug geworden ist.

4. Zum Schluß verknoten wir die letzte Perle, damit sie nicht verrutschen kann.

Walnußschalenbettchen

1. Für ein Bettchen brauchen wir die halbe Schale einer Walnuß. Aufknacken müssen wir die Nuß aber ganz vorsichtig, damit sie nicht kaputtgeht. Den Nußkern nehmen wir heraus.

2. In die Nußschalenhälfte hinein kleben wir genau in der Mitte und innen auf die Schale ein Stück Schleifenband. Beide Bandenden sollten gleich lang nach unten heraushängen.

3. Aus den Filz- oder Stoffresten schneiden wir zwei rechteckige Stücke zu. Ein ganz kleines können wir zu einem Kopfkissen zurechtlegen, ein etwas größeres zu einer Zudecke. Beide Stoffreste werden in die Nußschale eingeklebt.

4. Auf die Holzperle malen wir jetzt mit den Folienstiften ein schlafendes Gesicht und kleben die „Perle" in das Bettchen hinein.

Strohsterne

Altersempfehlung: ab 8 Jahre

Ein Stern stand über Bethlehem, um mit seinem Leuchten die drei Weisen aus dem Morgenland zu leiten, und Sterne sind seitdem aus keiner Weihnachtsfeier mehr wegzudenken. Auch Ihr könnt sie aufgehen lassen ... an einem Tannenzweig, im Fenster oder am Christbaum. Aus naturfarbenen oder bunten Strohhalmen sind sie mit ein bißchen Bastelgeschick schnell hergestellt. Und dann steht Weihnachten nichts mehr im Wege.

Material und Werkzeug

viele naturfarbene (oder farbige) Strohhalme
Schere
Bügeleisen
Klebstoff
Pergament- oder Pauspapier
Bleistift
Bastelfolie
Nähnadel
Nähgarn

Strohstern aus ganzen Halmen

1. Für einen Strohstern brauchen wir etwa 15 ganze Strohhalme.

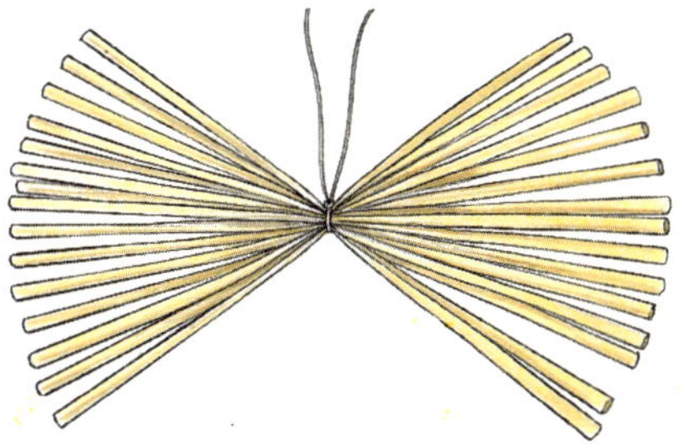

2. Die Strohhalme fassen wir alle zu einem Bündel zusammen und binden sie genau in der Mitte fest mit Nähgarn ab.

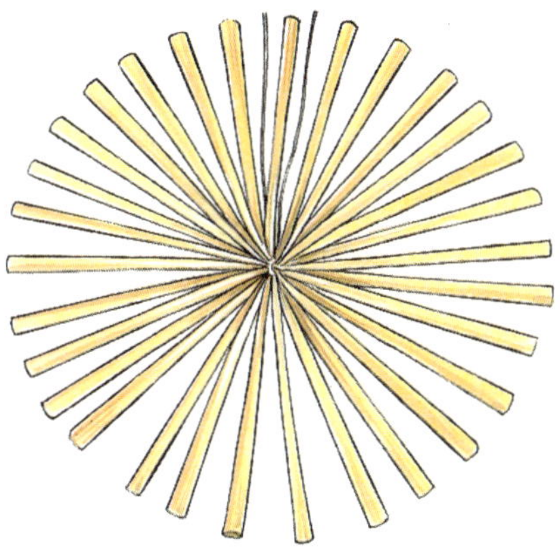

3. Die Strohhalmenden werden nun jeweils wie in der folgenden Zeichnung in Sternenform kreisförmig auseinandergezogen.

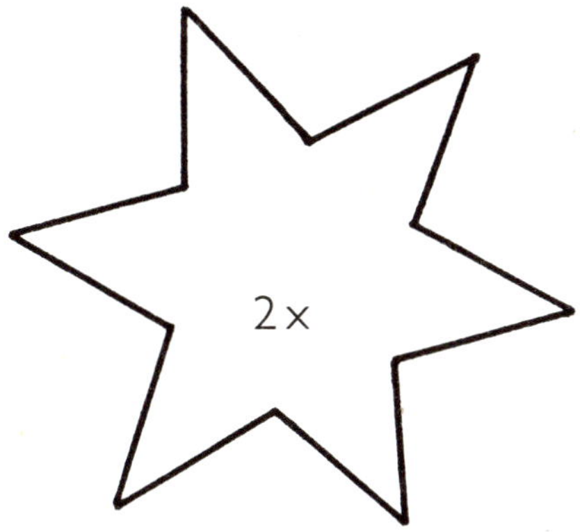

4. Wir pausen die Vorlage für den Folienstern zweimal auf Bastelfolie ab und schneiden beide Teile aus.

5. Nun kleben wir einen der Foliensterne hinten und einen vorne auf die Mitte des Strohsterns.

6. An dem Faden, mit dem der Strohstern zusammengebunden wurde, können wir ihn nun aufhängen.

Strohstern aus gebügelten Halmen

1. Diesmal brauchen wir für einen Strohstern vier ganze Strohhalme, die zuerst etwa eine Stunde in lauwarmem Wasser eingeweicht werden.

2. Danach schlitzen wir jeden Halm mit der Scherenspitze oder einem Küchenmesser der Länge nach auf.

3. Die aufgeschlitzten Strohhalme bügeln wir mit dem Bügeleisen (Einstellung Baumwolle) ganz platt.

4. Vier von diesen gebügelten Strohhalmen bestreichen wir in der Mitte mit Klebstoff und legen sie so aufeinander, daß eine Sternform entsteht.

5. Wenn der Klebstoff getrocknet ist, schneiden wir die Enden jeder Sternzacke mit der Schere links und rechts schräg ab, so daß es eine Spitze wird.

6. Nun pausen wir den Folienstern zweimal auf die Bastelfolie ab und schneiden die beiden Teile aus. Wir kleben wieder einen Folienstern vorne, einen hinten genau auf die Mitte des Strohsterns.

7. Zum Schluß ziehen wir noch mit der Nadel einen Faden oben durch einen Zacken und verknoten die Fadenenden miteinander. Nun kann der Stern aufgehängt werden!

Zum gleichen Thema ist/sind bei Bassermann bereits erschienen:
3-8094-0141-2 Das neue Bastelbuch für Kinder
3-8094-0170-6 Bastelspaß mit Papier

Die Deutsche Bibliothek – CIP-Einheitsaufnahme

Basteln mit Naturmaterialien für Kinder / hrsg. von Susanne Girndt. –
Niedernhausen/Ts. : Bassermann, 1996
(Rund ums Jahr...)
ISBN 3-8094-0191-9
NE: Girndt, Susanne [Hrsg.]

ISBN 3 8094 0191 9

Umschlaggestaltung: Grafik-Design-Studio Lothar Mielau, Wiesbaden
Titelbild: Photo-Illustrations Ltd., London
Fotos: Studio Gerhard Burock, Wiesbaden: S. 9, **Studio Kalk,** Kelkheim: S. 34, 110, 111, 136; **Thomas Pfündel,** Stuttgart: S. 26, 40, 46, 116, 128; **Wolfgang Zöltsch, pool-Studios,** Griesheim: S. 8; **Michael Zorn,** Wiesbaden: S. 30, 72, 83, 88, 94, 112, 126, 140, 142; alle übrigen und Titelfotos: **Photo-Illustrations Ltd.,** London
Zeichnungen: Hartmut Dietrich, Wiesbaden: S. 113, 127 o.; Beatrice Hintermaier/Gerhard Scholz/Ilse Stockmann: S. 27, 31, 41, 48, 117. 129 o., Mitte, 131, 141, 143 li. Mitte, unten re.; Iris Prey, Hamburg: S. 95; Daniela Schneider, Frankfurt: S. 51, 57, 73, 75, 97, 133; alle übrigen: Ulrike Hoffmann, Bodenheim.
Redaktion: Sylvia Winnewisser
Herstellung: Albert Brühl und Stefanie Langner
Die Modelle in diesem Buch stammen von folgenden Urhebern und Urheberinnen:
Ursula Barff/Inge Burkhardt/Jutta Maier: S. 26/27, 30/31, 40/41, 46–48, 94/95, 112/13, 116/17, 126–29: Elke Dommershausen: S. 56/57; Jane Hase: S. 36/37, 50/51, 87, 101; Dirk Helbig: S. 80/81; Claudia Hüfner: S. 16/17, 20–23, 49, 52, 72/73, 96/97, 98–101; Ria Janßen: S. 108/9, 114/15, 118/19, 138/39; Iris Kasperek: S. 134/35; Wilma Kottke/Inge Hübers-Kemink: S. 34/35, 110/11, 136/37; Monika Neubacher-Fesser: S. 14/15, 24/25, 68/69, 76/77; Iris Prey, Hamburg: S. 32/33, 53–55, 58–61, 78/79, 84–86, 87, 90–93, 106/7; Doris Velte: S. 18/19, 38/39, 42/43, 70/71, 74/75, 120/21; Sigrid Wetzel-Maesmanns: S. 64–67, 88/89, 102/3, 124/25, 130–33, 140–43

Satz und Lithografie: Grunewald Satz & Repro GmbH, Kassel
Gesamtkonzeption: Bassermann'sche Verlagsbuchhandlung, D-65527 Niedernhausen/Ts.

817 2635 4453 6271